Gesetz

betreffend die

Erbschaftssteuer

in Elsaß-Lothringen

vom 12. Juni 1889.

Mit Erläuterungen und einer Anleitung zur Abgabe der Erbschaftserklärungen.

Herausgegeben

von

A. Hollerith,
Regierungsrath.

Straßburg.
Verlag von Karl J. Trübner.
1889.

Vorwort.

Dieser Kommentar ist in der Absicht geschrieben, zur Beseitigung der Schwierigkeiten mit beizutragen, welche die erste Zeit des Uebergangs vom alten Recht zum neuen sowohl für die mit der unmittelbaren Ausführung des Gesetzes betrauten Beamten, als auch für die Steuerpflichtigen mit sich bringt. Schien es von diesem praktischen Gesichtspunkte aus geboten, die Bemerkungen zu dem Gesetzestexte in thunlichst knapper Form zu halten, so mußte doch anderseits, um ein Zurückgehen auf das amtliche Material entbehrlich zu machen, darauf Bedacht genommen werden, die Hauptquellen für die Auslegung des Gesetzes, die Begründung des Entwurfs und die Verhandlungen des Landesausschusses soweit erforderlich möglichst unverkürzt in die Erläuterungen mit aufzunehmen.

Außer diesem Material wurde die Rechtsprechung der elsaß-lothringischen Gerichte verwerthet, soweit die für das bisherige Recht durch dieselbe aufgestellten Grundsätze auch für die Auslegung des neuen Gesetzes noch von Bedeutung sind. Desgleichen sind zu den Erbschaftssteuergesetzen anderer Bundesstaaten ergangene Entscheidungen soweit berücksichtigt und in den Bemerkungen angeführt worden, als dieselben für die Erläuterung wesentlich gleicher Bestimmungen des elsaß-lothringischen Gesetzes von Wichtigkeit erscheinen. Von einer weiteren Heranziehung des Inhaltes dieser Gesetze behufs Vergleichung mit dem diesseitigen mußte, so nahe der Gedanke hieran lag, mit Rücksicht auf den rein praktischen Zweck dieser Arbeit abgesehen werden.

Der Abdruck des Gesetzes, betreffend die Strafsachen der Enregistrementsverwaltung vom 28. Mai 1888 nebst den Ausführungsvorschriften erschien zweckmäßig, weil diese Bestimmungen auch auf die Erbschaftssteuerhinterziehungen Anwendung finden. Die Anleitung zur Abgabe der Erbschaftserklärungen wurde einem von verschiedenen Seiten ausgesprochenen Wunsche entsprechend beigefügt, um dem Bedürfniß weiterer Kreise entgegenzukommen.

Straßburg, im Juli 1889.

A. Hollerith.

Inhalts-Uebersicht.

Erklärung der Abkürzungen.

Amtsbl. . . . . = Amtsblatt des Generaldirektors der Zölle und indirekten Steuern.

Anm. . . . . = Anmerkung.

A.-G. z. d. P.-O. . = Gesetz, betreffend die Ausführung der Civilprozeßordnung, der Konkursordnung und der Strafprozeßordnung vom 8. Juli 1879.

A.-G. z. G.-V.-G. . . = Gesetz, betreffend die Ausführung des Gerichtsverfassungsgesetzes vom 4. November 1878.

A.-V. . . . . = Ausführungsvorschriften zu dem Gesetze, betreffend die Erbschaftssteuer vom 12. Juni 1889.

B. K. S. . . . . = Bericht der zur Berathung des Gesetzes über die Erbschaftssteuer niedergesetzten Spezialkommission des Landesausschusses, Seite.

B. S. . . . . = Begründung zu dem Gesetze über die Erbschaftssteuer, Seite.

Bem. . . . . = Bemerkung.

B. G.-B. . . . . . . = Bürgerliches Gesetzbuch.

Brum. . . . . = Brumaire.

C.-P.-O. . . . . = Civilprozeßordnung.

D. P. . . . . = Dalloz, Jurisprudence générale.

Dict. de l'Enr. . . . = Dictionnaire des droits d'enregistrement etc.

Frim. . . . . = Frimaire.

Garnier rép. . . . . = Garnier répertoire générale de l'enregistrement.

G.-V.-G. . . . . = Gerichtsverfassungsgesetz.

Géraud Dict. de compt. = Géraud, Dictionnaire de comptabilité.

Germ. . . . . = Germinal.

J. de l'Enr. . . . . = Journal de l'enregistrement.

J. Z. f. E. L.; Bd. S. = Juristische Zeitschrift für das Reichsland Elsaß-Lothringen; Band, Seite.

K.-O. . . . . = Konkursordnung.

S. . . . . = Seite.

St.-G.-B. . . . . = Strafgesetzbuch.

St.-P.-O. . . . . . . = Strafprozeßordnung.

V. O. . . . . = Verordnung.

Z. . . . . = Ziffer.

Einleitung.

Die Erbschaftssteuer bildete in Elsaß-Lothringen bisher einen Bestandtheil des Enregistrements. Wie dieses beruhte sie auf dem grundlegenden Gesetze vom 22 Frimaire VII (12. December 1798), hatte jedoch inzwischen mehrfache Aenderungen, hauptsächlich im Tarife, erfahren. Die finanzielle Bedeutung dieser Steuer war eine sehr erhebliche. Während es aber im Allgemeinen einen großen Vorzug der Erbschaftssteuer neben ihrer Einträglichkeit bildet, daß sie verhältnißmäßig leicht ertragen wird, wurden in Elsaß-Lothringen fortwährend erhebliche Klagen über dieselbe laut. Jener Vorzug der leichteren Erträglichkeit beruht darauf, daß die Steuer in einem Augenblicke einsetzt, in welchem der Steuerpflichtige einen Vermögenszuwachs erhält; sie setzt aber voraus, daß die Steuer in gleichmäßigem und gerechtem Verhältniß zu diesem Vermögenszuwachs steht. Diesem Erforderniß vermochte die Besteuerung in Elsaß-Lothringen nicht zu entsprechen. Schon weil die Gesetzgebung aus einer Zeit stammte, in welcher die wirthschaftlichen Verhältnisse von den heutigen sehr verschieden waren und weil sie den eingetretenen Veränderungen dieser Verhältnisse nur unvollständig gefolgt war, würde sie reformbedürftig gewesen sein. Die Veranlagung der Steuer war aber schon von vornherein eine solche, daß aus Rücksichten auf den finanziellen Ertrag und die Einfachheit der Erhebung die beiden erwähnten Erfordernisse in den Hintergrund traten; durch die Neugestaltung der wirthschaftlichen Verhältnisse mußten die sich hieraus ergebenden Mißstände nur um so mehr fühlbar werden.

Die wichtigste Ursache derselben war der Grundsatz der Nichtberücksichtigung der Schulden. Die Erbschaftssteuer war in Elsaß-Lothringen nicht wie in allen deutschen Bundesstaaten eine Bereicherungssteuer, eine Auflage, welche sich nach der Höhe dessen bemißt, was den Erben aus der Erbschaft als Vermögenszuwachs zukommt, sondern sie war eine Handänderungsabgabe (droit de mutation), welche sich für jedes einzelne der den Besitzer wechselnden Güter nach dem abstrakten Werthe derselben berechnet. Hieraus folgt, daß ein Grundstück die gleiche Abgabe zu tragen hatte, ob der Erbe mit dem Eigenthum einen dem Werthe gleichkommenden oder einen hinter demselben zurückbleibenden Betrag an Schulden des Erblassers, oder überhaupt keinerlei Lasten übernahm. Benachtheiligt wurden hierdurch die wirthschaftlich weniger Leistungsfähigen. Einen je größeren Theil der Aktiven die Passiva in Anspruch nahmen, um so höher war der Prozentsatz des Reinvermögens, welchen die lediglich nach den Aktiven bemessene Erbschaftssteuer darstellte. Daß die Abgabe das ganze, nach der Liquidation der Masse verbleibende Vermögen aufzehrte, daß sogar die Erben, welche für die Erbschaftssteuer über den Betrag des durch die Erbschaft Erlangten persönlich hafteten, diese Steuer, weil sie aus Unkenntniß der Verhältnisse oder aus Pietät nicht auf die Erbschaft verzichtet hatten, aus ihrem eigenen Vermögen entrichten mußten, kam häufig vor. Dieser Grundsatz der Nichtberücksichtigung der Schulden benachtheiligte hauptsächlich den Grundbesitz, am wenigsten das in Werthpapieren angelegte bewegliche Vermögen. Selten stehen dem letzteren Schulden in höherem Betrag gegenüber; bei Liegenschaften dagegen wird sehr oft ein großer Theil des Werthes durch Kaufpreisreste, Theilungsherauszahlungen, hypothekarische Darlehen u. a. m. in Anspruch genommen.

Noch aus einem anderen Grunde wurde das bewegliche und auch hier in erster Linie das in Werthpapieren angelegte

Vermögen weit weniger als das liegenschaftliche zur Steuer herangezogen, nämlich wegen des Mangels genügender Kontrolbestimmungen. Während bei dem Grundeigenthum eine Verheimlichung von Vermögensbestandtheilen nicht leicht unentdeckt bleiben konnte, gewährte das französische Recht dem Fiskus fast keine Mittel zur Feststellung von Hinterziehungen des beweglichen Vermögens; es verweigerte demselben sogar die gewöhnlichen Beweismittel des Civilprozesses. Hierin war zwar durch das Inkrafttreten der Reichsjustizgesetze eine Aenderung eingetreten, und nachdem außerdem die Erbschaftssteuerhinterziehungen als Strafsachen behandelt wurden (zu vergleichen Gesetz, betreffend die Strafsachen der Enregistrementsverwaltung, vom 28. Mai 1888, Gesetzblatt S. 48), war der Ertrag der Erbschaftssteuer bezüglich des beweglichen Vermögens nicht mehr in dem Maße von dem Willen und der Steuerehrlichkeit der Erben und ihrer Vertreter abhängig als früher. Immerhin darf mit Sicherheit angenommen werden, daß trotzdem noch nicht ein dem Verhältniß zwischen beweglichem und unbeweglichem Vermögen entsprechender Theil der Gesammtsteuer von dem ersteren getragen wurde, und es erschien dringend geboten, durch eine Aenderung der bisherigen Gesetzgebung eine Beseitigung der bestehenden Mißstände herbeizuführen.

Diesen Zweck erstrebt das vorliegende Gesetz.

(Vergl. die Begründung S. 12 ff.)

Der Entwurf zu demselben wurde in dem Ministerium für Elsaß-Lothringen ausgearbeitet. Nachdem der Bundesrath in der Plenarsitzung vom 17. Januar 1889 demselben seine Zustimmung ertheilt hatte, wurde er dem Landesausschusse vorgelegt. In der 16. Tagung dieser Körperschaft, und zwar in der dritten Sitzung vom 6. Februar 1889, erfolgte die erste Lesung des Entwurfes, nach welcher die Ueberweisung desselben an eine besondere Kommission von 12 Mitgliedern beschlossen wurde. Nachdem diese Kommission den Bericht über ihre Berathung, welche eine Abänderung des ursprünglichen Entwurfes in einzelnen wesentlichen Punkten zur Folge hatte, erstattet hatte, erfolgte in der 17. Sitzung vom 2. Mai 1889 die zweite und in der 19. Sitzung vom 4. Mai 1889 die dritte Lesung. In beiden wurde die Annahme des Gesetzes in der Fassung des Kommissionsberichtes beschlossen. Der Bundesrath ertheilte dem so abgeänderten Entwurf in der Plenarsitzung vom 29. Mai 1889 seine Zustimmung, und unter dem 12. Juni 1889 erfolgte die Vollziehung des Gesetzes durch Seine Majestät den Kaiser.

Das Gesetz schließt sich in wesentlichen Punkten an die neueren deutschen Erbschaftssteuergesetze an. Insbesondere sind bei Ausarbeitung des Entwurfes (wie in der Begründung S. 14 angegeben ist) berücksichtigt worden:

Das preußische Gesetz, betreffend die Erbschaftssteuer, vom 30. Mai 1873;

das Königlich sächsische Gesetz über die Erbschaftssteuer vom 30. November 1876;

das bayerische Gesetz über die Erbschaftssteuer vom 18. August 1879;

das württembergische Gesetz, betreffend die Erbschafts- und Schenkungssteuer, vom 24. März 1881; dieses jedoch in geringerem Maße, weil die Verschiedenartigkeit der Einrichtung der freiwilligen Gerichtsbarkeit in Württemberg manche Verschiedenheiten gegenüber den übrigen neueren Gesetzen herbeigeführt hat;

das hessische Gesetz, betreffend die Erbschafts- und Schenkungssteuer, vom 30. August 1884.

In dem Gesetze ist der bisherige Erbschaftssteuertarif im Wesentlichen unverändert beibehalten worden. (Die Befreiung gewisser kleiner Erbschaften, welche der Entwurf in Uebereinstimmung mit verschiedenen deutschen Gesetzen vorgesehen hatte, wurde abgelehnt.) Nur die Veranlagung der Steuer ist nach neuen Grundsätzen geregelt. An die Stelle der früheren Handänderungs- ist eine Bereicherungssteuer getreten. Dies ist hauptsächlich durch die Zulassung des Schulden- und Lastenabzuges erreicht worden. Eine andere wesentliche, sich ebenfalls aus der Natur der Bereicherungssteuer ergebende Neuerung besteht darin, daß bei getrenntem Erwerb von nacktem Eigenthum und Nutznießung an derselben Sache durch verschiedene Personen nunmehr der Werth der Nutznießung, für welche der Nutznießer die Steuer zu entrichten hat, von dem Werthe des Eigenthums in Abzug gebracht werden darf, was nach dem bisherigen Rechte nicht zulässig war.

Das aus 38 Paragraphen bestehende Gesetz zerfällt in sechs Abschnitte. Abschnitt I handelt von der Grundlage und dem Betrag der Erbschaftssteuer; Abschnitt II von der Veranlagung derselben; Abschnitt III von der Verpflichtung zur Entrichtung derselben; Abschnitt IV regelt die Zuständigkeit und das Verfahren; Abschnitt V enthält die Bestimmungen bezüglich der Strafen und des Strafverfahrens; Abschnitt VI Allgemeine und Schlußbestimmungen.

I. Gesetz,

betreffend die Erbschaftssteuer. Vom 12. Juni 1889.

(Gesetzblatt für Elsaß-Lothringen Seite 57.)

Wir Wilhelm, von Gottes Gnaden Deutscher Kaiser, König von Preußen ꝛc.

verordnen im Namen des Reichs, für Elsaß-Lothringen, nach erfolgter Zustimmung des Bundesraths und des Landesausschusses, was folgt:

I. Abschnitt.

Grundlage und Betrag der Erbschaftssteuer.

§ 1.

Die Erbschaftssteuer wird erhoben für jeden Erwerb von Vermögen zu Eigenthum, Nutznießung oder Genuß in Folge von Todesfall oder Abwesenheit.

1. Die Voraussetzungen für die Erhebung der Erbschaftssteuern sind dieselben, wie nach dem bisherigen Rechte. (B. S. 14.)

Die Steuerbehörde hat nicht den Nachweis zu erbringen, daß der Erbe beziehungsweise Vermächtniß- oder Schenknehmer die Erbschaft u. s. w. angenommen habe; derselbe gilt vielmehr dem Fiskus gegenüber so lange als Erbe u. s. w., als er nicht durch rechtswirksamen Verzicht diese Eigenschaft aufgegeben hat. Vergl. Urtheil des Landgerichts Straßburg vom 22. Februar 1876, Amtsbl. S. 87; Urtheil des Landgerichts Colmar vom 29. September 1888. J. Z. f. E.-L. Bd. 14, S. 194.

Ein solcher Verzicht ist in den durch das Bürgerliche Gesetzbuch vorgeschriebenen Formen zu erklären. Von Entscheidungen elsaß-lothringischer Gerichte, welche Verzichtleistungen zum Gegenstande haben, sind folgende zu erwähnen:

a) Die Landgerichte Straßburg und Mülhausen haben durch Urtheile vom 11. Februar 1873 und 28. Juni 1877, Amtsbl. 1878 S. 139, entschieden, daß die Vorschrift des Art. 784 B.-G.-B auch auf Vermächtnisse und Schenkungen auf den Todesfall Anwendung findet, und die Steuerverwaltung befugt ist, Verzichte auf freigebige Verfügungen, welche nicht auf der Gerichtsschreiberei abgegeben, sondern notariell verbrieft sind, als unwirksam zu betrachten. Dieser Auffassung hat sich das Landgericht Colmar in einem Urtheile vom 21. October 1881, J. Z. f. E.-L., Bd. 7, S. 286, nicht angeschlossen. Auch in der französischen Rechtsprechung ist diese Frage noch nicht endgültig entschieden. Vergl. die Bemerkung 1 zu dem Urtheil des Appellhofes zu Nancy vom 1. Februar 1884 bei D. P. 85. 2. 180. Die Verwaltung hat indessen die notariellen Verzichtleistungen nur in solchen Fällen beanstandet, in welchen die Verzichte nicht ernst gemeint waren, sondern eine rechtliche Wirkung unter den Betheiligten nicht äußern sollten und nur zum Zweck der Hinterziehung der Erbschaftssteuern abgegeben worden waren.

b) In einem Verzichte gegen Entgelt ist eine Annahme enthalten. Es ist daher trotz eines solchen Verzichtes die Erbschaftssteuer zu entrichten. Urtheil des Landgerichts Mülhausen vom 24. Januar 1883, das erfolglos durch Berufung und Revision angegriffen worden ist. Amtsbl. 1885, S. 172.

c) Die Erben einer Ehefrau, welche sich in die Gütergemeinschaft eingemischt und dadurch dieselbe stillschweigend angenommen haben, können sich der Entrichtung der Erbschaftssteuer von der Hälfte derselben nicht durch Berufung auf einen später bethätigten Verzicht entziehen. Urtheil des Oberlandesgerichts Colmar vom 29. April 1887, Amtsbl. 1888, S. 667.

d) Durch das in vorstehender Bemerkung a angeführte Urtheil hat das Landgericht Colmar entschieden, daß der Vermächtnißnehmer — falls nicht der Art. 1006 B.-G.-B. vorliegt — das Vermächtniß zum Theil annehmen und zum Theil ausschlagen könne. Die Verwaltung hatte in dem Rechtsstreite behauptet, daß in dem theilweisen Verzicht eine Annahme des Ganzen zu erblicken sei. Diese Frage ist bestritten und auch in Frankreich noch nicht endgültig entschieden. Vergl. die Bemerkung 2 und 3 zu dem Urtheil des Pariser Cassationshofes vom 8. Juli 1874 bei D. P. 74. 1. 457 und das Urtheil des Tribunals zu Marseille vom 13. Juli 1886, J. d. l'Enr. N. 22819.

e) Hat sich der Schenknehmer in nach dem Tode des Schenkgebers errichteten Urkunden selbst als Schenknehmer bezeichnet, so liegt hierin die endgültige Annahme der Schenkung, welche die Möglichkeit ausschließt, sich durch späteren Verzicht von der Zahlung der Erbschaftssteuer zu befreien. Urtheil des Landgerichts Colmar vom 29. September 1888. J. Z. f. E.-L. Bd. 14, S. 194.

2. Ob ein Erbe den Nachlaß unbedingt oder unter der Rechtswohlthat des Erbverzeichnisses angenommen hat, begründet keinen Unterschied. Vergl. das in Bem. 1 angezogene Urtheil des Landgerichts Straßburg vom 22. Februar 1876. Die Härte, welche sich hieraus nach dem bisherigen Rechte vielfach ergab, ist durch den jetzt zulässigen Schuldabzug nunmehr beseitigt.

3. Bei der ledigen Erbschaft (succession vacante, Art. 811 B.-G.-B.) fehlt es an dem Erwerber eines steuerpflichtigen Anfalles. Es kann daher von derselben eine Erbschaftssteuer nicht erhoben werden. Im gleichen Sinne hat auch unter der Herrschaft des früheren Rechtes

das Landgericht Straßburg in einem durch das Oberlandesgericht Colmar bestätigten Urtheil vom 19. April 1883 erkannt. J. Z. f. E.-L. Bd. 9, S. 61.

4. Von der erblosen Verlassenschaft (succession en déshérence), in welche dem Staate gemäß Art. 768 B.-G.-B. die Erbfolge zusteht, ist nach Ziffer 7 der A.-B. eine Erbschaftssteuer nicht zu zahlen.

Ebensowenig findet nach derselben Bestimmung eine Zahlung der Erbschaftssteuer statt für Vermächtnisse und Schenkungen auf den Todesfall zu Gunsten des Reichs- oder des Landesfiskus. Ob derartige freigebige Verfügungen unmittelbar zu Gunsten des allgemeinen Reichs- oder Landesfiskus getroffen sind, oder mittelbar durch Bezeichnung irgend einer Reichs- oder Staatsanstalt (z. B. der Universität Straßburg oder dergl.), begründet keinen Unterschied. (Weiter als der Wortlaut der Bestimmung angibt, darf Letztere nicht ausgedehnt werden. Bezirke, Kreise u. s. w. haben daher die Steuer für die ihnen zukommende Anfälle zu bezahlen.).

5. Die auf dem gesetzlichen Rückfallsrechte beruhende Nachfolge (Art. 351, 352, 747, 766 B.-G.-B.) ist eine Erbfolge. Das in Gemäßheit dieses Rechts erworbene Vermögen unterliegt daher der Erbschaftssteuer.

Das vertragsmäßige Rückfallsrecht (Art. 951 u. 952 B.-G.-B.) dagegen begründet keine Erbfolge.

6. Die in einem Ehevertrag enthaltene, gemäß Art. 1520 B.-G.-B. zulässige Bestimmung, welche dem überlebenden Ehegatten die ganze Gütergemeinschaft zuweist, ist im Hinblick auf Art. 1525 B.-G.-B. nur insoweit als einfache Regelung der ehelichen Güterverhältnisse zu betrachten, als den Erben des Vorversterbenden dessen Einbringen vorbehalten bleibt. Wird auch dieses letztere dem Ueberlebenden zugewiesen, so liegt hinsichtlich dieses Einbringens eine Schenkung auf den Todesfall vor.

Urtheile der Landgerichte Metz vom 29. November 1875, Colmar vom 16. Dezember 1876 und Straßburg vom 18. April 1882, Amtsbl. 1876, S. 132; 1877, S. 154; 1883, S. 45.

7. Uebertragen Eheleute gütergemeinschaftliche oder Sondergüter unter dem Vorbehalt der Nutznießung zu Gunsten des Längstlebenden der Ehegatten, so ist in diesem Vorbehalte eine Schenkung auf den Todesfall zu erblicken, für welche der Ueberlebende die Erbschaftssteuer zu entrichten hat.

Urtheile des Oberlandesgerichts Colmar vom 16. März 1880 und des Landgerichts Straßburg vom 6. Januar 1885, Amtsbl. 1880, S. 242; 1885, S. 159.

8. Auch die sogenannten vergeltenden Vermächtnisse und Schenkungen auf den Todesfall, d. h. solche, welche dem Bedachten für gewisse Leistungen zugewendet werden, die der Erblasser von ihm erhalten hat (z. B. für geleistete Dienste), unterliegen der Erbschaftssteuer. Vergl. Bemerkung 2 zu § 4.

9. Was die Besteuerung des Vermögens Abwesender anbelangt, so läßt die Fassung des Paragraphen nicht erkennen, ob die Steuer nur in dem Fall der gerichtlich ausgesprochenen Erklärung der Abwesenheit, oder auch dann zur Erhebung gelangen darf, wenn sich die Betheiligten ohne Anrufung des Gerichts eigenmächtig in den Besitz des Vermögens eines Abwesenden gesetzt haben. Für die Auffassung, daß auch

in dem letzteren Falle die Erbschaftssteuer geschuldet ist, scheinen die §§ 9 u. 24 zu sprechen, in welchen ganz allgemein von „der Erlangung des Besitzes" die Rede ist. Allein in der Kommissionsberathung (B.-K. S. 3) ist hervorgehoben worden, daß der Paragraph nur einen allgemeinen Grundsatz aufstelle, daß er nichts an den Grundsätzen über Abwesenheit ändere und daß nur die Gerichte darüber zu entscheiden haben, ob Abwesenheit oder der Wechsel des Eigenthums vorliege. Darnach wird man bei Anwendung des Paragraphen von folgenden Grundsätzen auszugehen haben.

So lange nicht die Abwesenheit gerichtlich erklärt ist, spricht die Vermuthung für die Fortexistenz des Abwesenden und es können rechtliche Zweifel in dieselbe nicht gesetzt werden. (Vergl. Urtheil des Landgerichts Saargemünd vom 14. Juni 1881, Amtsbl. 1883, S. 42.) Erst wenn das Gericht die Abwesenheit erklärt hat, ist der Abwesende als todt und sein Nachlaß als eröffnet anzusehen. Es kann deßhalb eine Erbschaftssteuer erst dann angefordert werden, wenn eine solche gerichtliche Abwesenheitserklärung vorliegt, was die Verwaltung zu beweisen hat. Ob die Betheiligten in den einstweiligen oder den endgültigen Besitz eingewiesen sind, begründet keinen Unterschied. Erscheint der Abwesende wieder, so wird nach § 16 Abs. 2 die von seinem Vermögen erhobene Erbschaftssteuer wieder zurückerstattet bis auf den der etwaigen Bereicherung entsprechenden Betrag. Eine solche Bereicherung liegt vor, wenn die in den einstweiligen Besitz Eingewiesenen aus dem Vermögen Einkünfte bezogen haben und gemäß Art. 127 B.-G.-B. berechtigt sind, diese Einkünfte theilweise oder ganz zurückzubehalten. Bezüglich der in den endgültigen Besitz Eingewiesenen kann sich im Hinblick auf die Vorschrift des Art. 132 B.-G.-B. eine weitere Bereicherung ergeben.

Liegt eine gerichtliche Abwesenheitserklärung nicht vor und haben sich die Betheiligten in formloser Weise in den Besitz des Vermögens gesetzt, so kann, da eine rechtliche Vermuthung für das Ableben des Abwesenden nicht gegeben ist, eine Erbschaftssteuer nicht erhoben werden. Dagegen werden in einer solchen Besitzergreifung in der Regel die Voraussetzungen gegeben sein, welche Art. 12 des Gesetzes vom 22 Frim. VII für die Berechtigung zur Anforderung einer Gebühr für Handänderung unter lästigem Titel aufstellt. (Vergl. das oben angezogene Urtheil des Landgerichts Saargemünd v. 14. Juni 1881.)

10. Der Anspruch des Fiskus auf die Erbschaftssteuer entsteht mit dem Eintritt des den Anfall begründenden Ereignisses. Vergl. Bemerkung 3 zu § 9.

§ 2.

Die Erbschaftssteuer beträgt:

Eins vom Hundert, wenn der Anfall an Verwandte der geraden Linie gelangt;

Drei vom Hundert, wenn der Anfall an Ehegatten gelangt;

Sechs und ein halb vom Hundert, wenn der Anfall an Geschwister, an Kinder von Geschwistern oder an Geschwister der Eltern gelangt;

Sieben vom Hundert, wenn der Anfall an Seitenverwandte des vierten Grades gelangt;

Acht vom Hundert, wenn der Anfall an Seitenverwandte des fünften bis zwölften Grades gelangt;

Neun vom Hundert in allen übrigen Fällen.

Die Steuersätze für die gerade Linie und die Ehegatten finden auch Anwendung auf natürliche Kinder und Ehegatten, welche in Folge des Rechts auf außerordentliche Erbfolge zur Erbschaft berufen werden.

1. Die bisherigen Tarifsätze sind grundsätzlich beibehalten. Die einzige Aenderung, welche der Paragraph trifft, besteht darin, daß die Bestimmung des Art. 53 des Gesetzes vom 28. April 1816 nicht wiederholt ist, wonach natürliche Kinder und Ehegatten, wenn sie gemäß Art. 758 u. 767 B.-G.-B. mangels anderer gesetzlichen Erben zur Erbschaft berufen werden, dieselbe Abgabe wie Nichtverwandte zu entrichten haben. (B. S. 14.) Es unterliegt deßhalb, was die Schlußbestimmung des Paragraphen ausdrücklich vorschreibt, jetzt in allen Fällen der Anfall des elterlichen Nachlasses an anerkannte natürliche Kinder der Steuer zu 1 vom Hundert, der Anfall von Vermögen eines verlebten Ehegatten an den überlebenden Gatten der Steuer zu 3 vom Hundert.

2. Für den Anfall an nicht anerkannte natürliche Kinder ist die Steuer nach dem für Nichtverwandte festgesetzten Satze zu entrichten, da nur die anerkannten natürlichen Kinder gemäß Art. 756 B.-G.-B. zur Erbfolge in den Nachlaß ihrer Eltern berufen sind.

3. Zu den Verwandten gerader Linie sind auch die Adoptivkinder zu rechnen. (B. S. 15.)

II. Abschnitt.

Veranlagung der Erbschaftssteuer.

§ 3.

Die Erbschaftssteuer ist von demjenigen Betrage zu entrichten, um welchen derjenige, dem der Anfall zukommt, durch denselben reicher wird.

In die steuerpflichtige Masse sind alle zu dem Nachlasse gehörigen Forderungen einschließlich derjenigen Beträge zuzurechnen, welche der Erwerber dem Erblasser schuldete.

Dagegen kommen von der steuerpflichtigen Masse alle Schulden und Lasten in Abzug, welche mit derselben übernommen werden.

1. Der in Abs. 1 ausgesprochene Grundsatz enthält die wesentlichste Aenderung gegenüber dem bisherigen Rechte; eine Reihe von Einzelbestimmungen der folgenden Paragraphen ergibt sich als nothwendige Folge desselben. (B. S. 15). Zufolge dieses Grundsatzes erscheint die Erbschaftssteuer nicht mehr als eine Handänderungs-, sondern als eine Bereicherungssteuer. Es ist deßhalb bei jedem Anfalle durch Vergleichung der Aktiven mit den Schulden und Lasten zu ermitteln, ob und inwieweit dem Erwerber des Anfalles ein vermögensrechtlicher Vortheil erwächst, ob und inwieweit derselbe durch den Anfall reicher wird. Bei Aufstellung der steuerpflichtigen Masse sind deßhalb zunächst die sämmtlichen steuerpflichtigen Activen festzustellen. Von diesen kommen nach Abs. 3 alle Schulden und Lasten in Abzug, welche mit der steuerpflichtigen Masse übernommen werden und zwar ohne Rücksicht auf die Natur derselben. Namentlich begründet es keinen Unterschied, ob der Vertrag oder das Rechtsgeschäft, auf welchem die Schulden und Lasten beruhen, mündlich oder durch öffentliche oder privatschriftliche, durch registrirte oder nicht registrirte Urkunden zum Abschluß gelangt ist. B.-K. S. 4. (Eine Retorsionsmaßregel enthält jedoch Abs. 3 des § 8 bezüglich des Schuldenabzuges vom Nachlasse eines Erblassers, der nicht in Elsaß-Lothringen seinen Wohnsitz hatte.) Der nach Abzug der Schulden und Lasten verbleibende Rest bildet den Gegenstand der Bereicherung und ist der Steuer zu unterziehen.

2. Die Aufstellung der Masse, sowie die Berechnung der Ersatzforderungen und -Leistungen an die eheliche Gütergemeinschaft und der Forderungen der Ehefrau an das persönliche Vermögen des Ehemannes erfolgt nach den Regeln des bürgerlichen Gesetzbuches.

Was die Ersatzforderungen betrifft, so sind hier folgende Fälle hervorzuheben, welche nach dem bisherigen Rechte vielfach zu Zweifeln Anlaß gaben:

a) Die Ehegatten hatten ihren Wohnsitz in Elsaß-Lothringen. Die Ersatzforderungen, welche dieselben für veräußerte Liegenschaften geltend zu machen haben, die sich außerhalb Elsaß-Lothringens befinden, unterliegen bei ihrem Tode als unkörperliche bewegliche Vermögensgegenstände gemäß § 6 Abs. 1 der Erbschaftssteuer.

   Begreift die Gütergemeinschaft (beziehungsweise das persönliche Vermögen des Ehemannes) Vermögen, das gemäß §§ 5—7 theils steuerpflichtig, theils steuerfrei ist, so kommen bezüglich des Abzugs der Ersatzforderungen die Vorschriften des § 8 zur Anwendung.

b) Es stirbt ein Ehemann, welcher seinen Wohnsitz außerhalb Elsaß-Lothringens hatte. Die Ersatzforderungen, welche derselbe zu erheben hat, sind steuerfrei, auch wenn sich Liegenschaften der Gütergemeinschaft in Elsaß-Lothringen befinden. (§ 6 Abs. 2.)

c) Es stirbt eine Ehefrau, deren Ehemann ein Ausländer war und seinen Wohnsitz außerhalb Elsaß-Lothringens hatte. Die Ersatzforderungen, welche ihr für im In- oder Ausland veräußertes Vermögen zustehen, sind gemäß § 6 Abs. 2 steuerfrei. Diese Befreiung besteht auch dann, wenn zu der ehelichen Gütergemeinschaft oder dem persönlichen Vermögen des Mannes Liegenschaften gehören, die sich innerhalb Elsaß-Lothringens befinden. Der Ehefrau eines Ausländers wird das gesetzliche Unterpfandsrecht an inländischen Liegenschaften durch die Rechtsprechung versagt. Vergl. Zachariä-Dreyer, franz. Civilrecht Bd. 2, S. 141, Anm. 10,

S. 139, Anm. 2 u. Bd. 1, S. 79, Anm. 3, Nr. 3. Es kann daher bezüglich dieser Ersatzforderungen die im Schlußsatz des § 6 Abs. 2 festgesetzte Retorsionsmaßregel nicht Platz greifen.

d) Es stirbt die Ehefrau eines Deutschen, der seinen Wohnsitz außerhalb Elsaß-Lothringens hatte. Die derselben zustehenden Ersatzforderungen für im In- oder Ausland veräußertes Vermögen sind gemäß § 6 Abs. 2 steuerfrei. Da aber der Ehefrau eines Deutschen, auch wenn sie selbst Ausländerin war und im Ausland geheirathet hat, auf die im Inland befindlichen Liegenschaften der Gütergemeinschaft und des Ehemannes das gesetzliche Unterpfandsrecht zusteht (vergl. Zachariä-Dreyer, franz. Civilrecht, Bd. 2, S. 141, Anm. 10), so tritt, wenn solche Liegenschaften vorhanden sind und der Erbe nicht eine deutsche Staatsangehörigkeit besitzt, gemäß des letzten Satzes des § 6 Abs. 2, die Steuerpflicht soweit ein, als in dem Heimathsstaate der Erblasserin die zu einem elsaß-lothringischen Nachlaß gehörenden, in jenem Staate hypothekarisch gesicherten Ersatzforderungen besteuert werden.

Bezüglich des Abzugs der Ersatzforderungen von dem steuerfreien und steuerpflichtigen Vermögen der Gütergemeinschaft kommen die Vorschriften des § 8 zur Anwendung.

3. Die Gegenstände und Summen, welche ein Erbe gemäß Art. 843 ff. B.-G.-B. seinen Miterben gegenüber in die Masse zurückzubringen verpflichtet ist, fallen nicht unter die Vorschrift des Abs. 2 des Paragraphen. Die Verpflichtung zum Rückbringen ist nicht eine Schuld gegen den Erblasser, sondern gegen die Miterben. Die Rückbringen sind daher bei der Aufstellung der Masse nicht zu berücksichtigen. (B. K. S. 4.)

4. Der nunmehr gestattete Abzug der Schulden und Lasten bietet den Steuerpflichtigen die Möglichkeit, die Hinterziehung von Steuern durch die Angabe von Schulden und Lasten zu versuchen, die nicht, oder doch nicht in der angegebenen Höhe bestehen. Es ist deßhalb die Steuerbehörde befugt, den Nachweis bezüglich des Vorhandenseins und der Höhe der Schulden und Lasten von dem Steuerpflichtigen zu verlangen. Wird dieser Nachweis nicht in einer Weise erbracht, die jeden Zweifel an der Richtigkeit der Angaben des Steuerpflichtigen ausschließt, so ist der Abzug nicht zu gestatten. Auch bezüglich bereits zugelassener Schulden und Ansprüche kann die Beibringung weiterer Beweismittel verlangt werden. Vergl. die §§ 24 und 27, sowie 28 und 29 und die Bemerkungen zu diesen Paragraphen.

5. Dem bisherigen Rechte und der rechtlichen Natur der Konfusion entsprechend sind unter die Nachlaßforderungen auch diejenigen Forderungen aufzunehmen, welche der Erwerber des Anfalls selbst dem Erblasser schuldete. Hierzu gehören auch die Forderungen, welche ihm erst mit dem Anfall erlassen werden. (B. S. 16.) In dem ursprünglichen Entwurf war dies ausdrücklich ausgesprochen. Die Fassung wurde aber in der Kommissionsberathung geändert, um Zweifel (namentlich wegen der Rückbringen, vergl. vorstehende Bem. 3) auszuschließen. B. K. S. 4. In der jetzigen Fassung ist die Absicht, auch die erlassenen Forderungen zur Steuer heranziehen, durch das Wort „schuldete" zum Ausdruck gebracht.

6. Auch diejenigen Forderungen sind in die Masse mit aufzunehmen, welche der Steuerpflichtige für werthlos hält. Der Paragraph schreibt ganz allgemein die Aufnahme aller zum Nachlaß gehörenden For-

derungen vor. Ferner braucht sich die Steuerbehörde, wenn bezüglich des Werthes unsicherer Forderungen oder anderer zur sofortigen Werthsermittelung nicht geeigneter Gegenstände eine Einigung zwischen ihr und dem Steuerpflichtigen nicht stattfindet, gemäß § 15 bei der Angabe des Werthes (also sowohl des Minderwerthes als des Unwerthes) seitens des Steuerpflichtigen nicht zu beruhigen. Daraus folgt, daß es nicht in dem Belieben des Letzteren steht, eine Forderung, die er für werthlos hält, zu verschweigen. Er muß dieselbe angeben und dadurch die Steuerbehörde in die Möglichkeit versetzen, seine Angabe, daß die Forderung werthlos sei, einer Prüfung zu unterziehen.

(In diesem Sinne hat das Reichsgericht in einer Strafsache wegen Zuwiderhandlung gegen das preußische Erbschaftssteuergesetz, dessen einschlägige Bestimmungen in den §§ 5 und 23 mit den diesseitigen §§ 3 und 15 im Wesentlichen übereinstimmen, entschieden. Vgl. Entscheidungen des Reichsgerichts in Strafsachen. Bd. 1, S. 99).

Vergl. auch Bem. 5 zu § 15.

7. Ebenso sind diejenigen Forderungen in die Masse mit aufzunehmen, die seit dem Tode des Erblassers eingezogen und zur Tilgung von Nachlaßschulden verwendet worden sind. (Vgl. das in vorstehender Bemerkung angeführte Urtheil.) Daß in einem solchen Falle auch die durch die eingezogenen Forderungen getilgten Schulden in Abzug gebracht werden dürfen, ist selbstverständlich.

8. Die zu einem Handelsgeschäft gehörende Kundschaft bildet den Gegenstand einer erbschaftlichen Bereicherung. Der Werth derselben ist daher in die Masse mit aufzunehmen. Urtheil des Landgerichtes Colmar vom 12. Mai 1879. Amtsbl. S. 343.

9. Lebensversicherungssummen sind ebenfalls bei Aufstellung der steuerpflichtigen Masse zu berücksichtigen. Bezüglich der Besteuerung dieser Summen beziehungsweise der aus den Versicherungsverträgen sich ergebenden Forderungen gelten folgende Grundsätze, die nicht mehr bestritten sind.

a) Ist in dem Versicherungsvertrage durch den Versicherten bloß bestimmt, daß die Versicherungssumme bei seinem Tode ausbezahlt werden soll, ohne daß eine Person bezeichnet ist, zu deren Gunsten die Auszahlung stattzufinden hat, so ist der Versicherte der Eigenthümer der Forderung und diese bildet einen Bestandtheil seines Nachlasses beziehungsweise der ehelichen Gütergemeinschaft.

b) Das Gleiche gilt in dem Falle, wenn der Versicherte den Vertrag zu Gunsten „seiner Erben", „seiner Rechtsnachfolger" abschließt. Auch hier bildet die Versicherungssumme beziehungsweise die aus dem Vertrag sich ergebende Forderung auf diese Summe einen Bestandtheil des Nachlasses beziehungsweise der Gütergemeinschaft, und die Erben erwerben dieselbe nicht kraft eines eigenen Rechtes, das von ihrem Erbrechte unabhängig wäre.

c) Wenn in dem Versicherungsvertrag eine bestimmt bezeichnete Person angegeben ist, an welche, im Fall sie den Versicherten überlebt, die Versicherungssumme ausbezahlt werden soll, so ist in dieser Bestimmung in der Regel eine Schenkung auf den Todesfall zu erblicken, welche gemäß § 1 der Erbschaftssteuer unterliegt.

Es sind indessen auch Fälle denkbar, in denen die Zuweisung der Versicherungssumme einen anderen Charakter hat, z. B. einer Schenkung unter Lebenden, wenn dieselbe von dem Begünstigten angenommen ist und nicht von dem Ueberleben desselben abhängig sein, sondern im Falle des Vorversterbens auf dessen Erben übergehen soll, ferner einer Hingabe an Zahlungsstatt, wenn die Versicherung zur Befriedigung von Gläubigern zu dienen bestimmt ist u. a. m. Im Zweifelsfalle spricht eine Vermuthung für eine Schenkung auf Todesfall.

Nach dem bisherigen Rechte konnte eine Forderung aus einem Lebensversicherungsvertrag nur dann zur Steuer herangezogen werden, wenn sie als in Elsaß-Lothringen gelegen zu betrachten war. Diese Voraussetzung ist jetzt nicht mehr verlangt. Gemäß § 6 Abs. 1 unterliegt die zu einem elsaß-lothringischen Nachlaß gehörende Forderung der Steuer auch dann, wenn die Versicherungsgesellschaft, welche als Schuldnerin erscheint, außerhalb Elsaß-Lothringens ihren Sitz hat. Vergl. Bem. 3 zu § 6.

Von Entscheidungen elsaß-lothringischer Gerichte über die Besteuerung von Lebensversicherungsforderungen sind anzuführen die Urtheile des Landgerichts Zabern v. 30. Januar 1877, Mülhausen vom 28. Dezember 1877 und 9. Mai 1878, Colmar vom 9. Mai 1884, ferner des Oberlandesgerichts Colmar vom 2. Dezember 1881 und 9. Juni 1882 und des Reichsoberhandelsgerichts vom 20. Dezember 1878 (Amtsbl. 1878, S. 136; 1879, S. 98; 1883, S. 34; 1885, S. 175.)

10. Zu den Schulden des Nachlasses gehören auch die Kosten der letzten Krankheit des Erblassers. (B. S. 16.) Dagegen sind die Begräbnißkosten nicht in Abzug zu bringen. Der Entwurf hatte die Bestimmung enthalten, daß dieselben zu den Lasten des Nachlasses zu rechnen seien; diese Bestimmung wurde aber in der Kommissionsberathung gestrichen. (B. K. S. 4.)

11. Geldstrafen, zu denen der Erblasser verurtheilt worden ist, bilden, wenn das Urtheil zu dessen Lebzeiten rechtskräftig war, eine Schuld des Nachlasses. (Str.-G.-B. § 30). Desgleichen unter der nämlichen Voraussetzung die Kosten des Strafverfahrens. (Str.-P.-O. § 497, Abs. 2.)

12. Die Trauerkosten der Wittwe des Erblassers bilden gemäß Art. 1481 B.-G.-B. eine Last des Nachlasses. Vergl. Zachariä-Dreyer, franz. Civilr. Bd. 3, S. 229, Anm. 25.

13. Die Kosten der Theilung des Nachlasses dürfen nicht in Abzug gebracht werden. (B. S. 16.)

14. Ebensowenig die Kosten der im Interesse der Masse geführten Prozesse. Insoweit solche Prozesse von dem Erblasser bereits eingeleitet waren, mag sich der Abzug der hieraus entstandenen Kosten rechtfertigen; derselbe wird sich dann aber aus Abs. 1 bezw. 3 von selbst ergeben. (B. S. 16.)

15. Die Erbschaftssteuer bildet eine Last der Erben und kann nicht in Abzug gebracht werden. (B. S. 16.)

Dies bezieht sich auch auf den Fall, daß ein Erbe außer der durch ihn selbst geschuldeten Steuer gemäß einer besonderen Bestimmung des Erblassers auch die Steuer für ein einem Dritten zufallendes Vermächtniß aus eigenen Mitteln zu entrichten hat. Auch diese letztere

Steuer darf nicht in Abzug gebracht werden.. Die Steuer für alle den Nachlaß betreffenden Anfälle ist eine Last der Erben und sonstigen Betheiligten. Sie bleibt deßhalb bei der Feststellung der steuerpflichtigen Masse vollständig außer Betracht. In welchem Verhältniß die einzelnen Betheiligten an der Bezahlung dieser Steuer theilnehmen, ob nach Maßgabe der in § 20 aufgestellten gesetzlichen Verpflichtungen oder in anderer durch den Erblasser bestimmter Weise, ist für die Frage ohne alle Bedeutung. Eine Verfügung des Erblassers hinsichtlich der Bezahlung der für seinen Nachlaß geschuldeten Erbschaftssteuern regelt nur das civilrechtliche Verhältniß unter den Steuerpflichtigen; das Verhältniß der Letzteren zu dem Fiskus wird dadurch nicht berührt. Wollte man einer derartigen Bestimmung einen Einfluß auf die nach den Grundsätzen des öffentlichen Rechts zu beurtheilende Frage der Steuerpflicht an und für sich einräumen, so würde man es in das Belieben des Erblassers stellen, durch Abänderung der Regeln, wie sie § 20 für die Zahlungspflicht der am Nachlaß betheiligten Personen aufstellt, eine Verminderung der steuerpflichtigen Masse und damit auch der gesetzlich geschuldeten Steuern selbst herbeizuführen. Zu vergl. auch die Bem. 1 zu § 20.

16. Begreift eine letztwillige Verfügung einen Gegenstand, den der Bedachte schon gemäß eines anderen Rechtsgrundes von dem Erblasser oder aus dem Nachlasse zu fordern hatte, so liegt eine steuerpflichtige Bereicherung nicht vor.

17. Das Reichsgericht hat zu einer Prozeßsache des preußischen Steuerfiskus in einem Urtheil vom 17. März 1881 (Entscheidungen in Civilsachen Band 5, S. 211) Grundsätze aufgestellt, welche auch für die Auslegung des obigen Paragraphen, beziehungsweise des § 1 von Bedeutung sind, da die Bestimmungen dieser beiden Paragraphen mit den einschlägigen Vorschriften des preußischen Gesetzes im Wesentlichen übereinstimmen. In dem Falle, welcher der Entscheidung des Reichsgerichts unterbreitet war, hatte der Erblasser in seinem Testamente die minderjährige Tochter seines Sohnes zur Erbin eingesetzt und bestimmt, daß deren Mutter die Erträgnisse von der Hälfte des Erbtheiles ihrer Tochter bis zu deren Volljährigkeit beziehen sollte, unter Festsetzung eines Maximums von 5000 fl. und eines Minimums von 3000 fl. jährlich. Das Erbschaftssteueramt verlangte für dieses Vermächtniß des Zinsengenusses die Erbschaftssteuer. Die Wittwe behauptete, die Steuer sei nicht geschuldet, weil nach dem an dem betreffenden Orte geltenden ehelichen Güterrecht dem überlebenden Ehegatten das unbeschränkte Nießbrauchsrecht an allem, seinen minderjährigen Kindern nach dem Tode des erstverstorbenen Ehegatten zufallenden Vermögen zustehe, und daß die Wittwe daher durch das Vermächtniß ihres Schwiegervaters nicht bereichert sei, da ihr gesetzlich der Nießbrauch an dem ganzen, ihrer Tochter nach dem Tode ihres Ehemannes durch das Testament ihres Großvaters zugefallenen Vermögen zukommen würde. Das Reichsgericht entschied, daß das Vermächtniß der Steuer nicht zu unterziehen sei. In den Urtheilsgründen ist ausgeführt, daß nach den einschlägigen gesetzlichen Bestimmungen nur solche Anfälle als der Erbschaftssteuer unterliegend angesehen werden können, welche jemanden unmittelbar durch den Erblasser auf Grund eines erbrechtlichen oder letztwilligen Titels zu Theil werden und ihm eine Bereicherung gewähren. Das Vermächtniß falle zwar an sich unter

die Vorschrift des (preußischen) § 1 (welcher dem § 1 des diesseitigen Gesetzes entspricht), allein es unterliege dasselbe der Erbschaftssteuer nach dem (preußischen) § 5 (dem diesseitigen § 3 entsprechend) nur dann, wenn und insoweit die Bedachte durch dieses Vermächtniß reicher geworden sei. Wenn derselben aber auf Grund des ehelichen Güterrechts, also nicht kraft eines erbrechtlichen Titels, ein Anspruch auf den Nießbrauch an dem Vermögen zugestanden habe, welches ihrer Tochter auf Grund des Testaments des Großvaters derselben nach dem Tode ihres Vaters, des Ehemannes der Bedachten, zugefallen sei, so sei sie dadurch nicht bereichert worden, wenn der Testator ihr dieses ihr gesetzlich bereits zustehende Recht in seinem Testament zugewandt habe. Selbst wenn sie das Testament anerkannt und somit formell auf Grund dieses Testaments das Recht auf den Zinsengenuß an dem ihrer Tochter zugewandten Vermögen habe, so würde dadurch eine Vermehrung ihres Vermögens, eine Bereicherung nicht eingetreten sein, auch wenn das Vermächtniß sich auf den ganzen Erbtheil ihrer Tochter bezogen hätte, sofern nicht bezüglich der Dauer des Rechts oder in sonstiger Beziehung von den Normen des ehelichen Güterrechts abweichende, der Legatarin günstigere Bestimmungen getroffen wären.

Zur Anwendung dieser Grundsätze ist auch in Elsaß-Lothringen öfter Anlaß gegeben, da Vermächtnisse der Nutznießung zu Gunsten des überlebenden Ehegatten häufig den Gegenstand der Besteuerung bilden. Wie in einem solchen Falle behufs Berechnung der für die Nutznießung geschuldeten Steuer zu verfahren ist, zeigt folgendes Beispiel.

Der Erblasser, welcher von einem Kinde beerbt wird, hat seiner Wittwe, der Mutter des Kindes, die lebenslängliche Nutznießung an der Hälfte seines Nachlasses vermacht. Dieser Nachlaß besteht aus baarem Geld im Betrag von 1000 ℳ und einer Anzahl anderer körperlicher beweglicher Sachen. Das Kind des Erblassers hatte am Todestag des letzteren das Alter von 15 Jahren, die Wittwe das Alter von 36 Jahren erreicht. Behufs Berechnung des Kapitalwerthes der der Wittwe vermachten Nutznießung schätzt dieselbe den einjährigen Betrag der Nutzung der Hälfte der zum Nachlasse gehörenden körperlichen beweglichen Sachen mit Ausschluß des baaren Geldes auf . ℳ 80.—

Der einjährige Betrag der Nutzung der Hälfte des zum Nachlasse gehörenden baaren Geldes, also der Summe von 500 ℳ, ist gemäß § 13 auf 4 vom Hundert anzunehmen, also auf ℳ 20.—

Zusammen . . . . ℳ 100.—

Der Kapitalwerth dieser Nutzung beträgt, da die Wittwe 36 Jahre alt ist, gemäß § 11 das 14fache dieses einjährigen Betrages, also . . . . ℳ 1400.—

Da aber der Wittwe die Nutznießung an dem ganzen Vermögen ihres Kindes bis zu dessen vollendetem achtzehnten Lebensjahre schon kraft des Gesetzes, nämlich gemäß Art. 384 B. G.-B. zusteht, so ist der Werth dieser gesetzlichen Nutznießung an der Hälfte des Nachlasses von dem Werthe der vermachten Nutznießung in Abzug zu bringen. Der Werth der ersteren, welche sich auf 3 Jahre erstreckt (vom 15. bis 18. Lebensjahre des Kindes), berechnet sich, da der einjährige

Zu übertragen ℳ 1400.—

Uebertrag ℳ 1400.—

Betrag der Nutzung 100 ℳ darstellt, nach der in § 12 bezeichneten Hülfstabelle auf . . . . ℳ 288.60

Nach Abzug verbleiben . . . . ℳ 1111.40

Dieser Betrag stellt den Werth der der Wittwe vermachten Nutznießung dar und ist, nachdem er gemäß § 19 auf 1120 ℳ abgerundet ist, der Steuer zu 3% zu unterziehen.

18. Wendet der Erblasser dem Bedachten einen Gegenstand unter der Bedingung zu, daß er einen ihm eigenthümlich angehörigen Gegenstand zu Gunsten des Nachlasses oder eines Dritten aufgebe, so liegt nur insoweit ein steuerpflichtiger Anfall vor, als etwa der aus dem Nachlaß kommende Gegenstand mehr werth ist, als der durch den Bedachten aufzugebende.

19. Bestimmt der Erblasser, daß sein Erbe ein einem Dritten zugewendetes Vermächtniß dem Bedachten erst nach Ablauf einer bestimmten Zeit zinsenfrei herauszuzahlen hat, so ist bezüglich der Besteuerung zu unterscheiden. Muß die Herauszahlung zur angegebenen Zeit unbedingt an den Vermächtnißnehmer oder dessen Rechtsnachfolger erfolgen, so liegt — sofern sich nicht aus der Verfügung des Erblassers etwas anderes ergibt — in der zinsenfreien Ueberlassung des Gegenstandes des Vermächtnisses an den Erben das Vermächtniß einer Nutzung. Der Erbe hat daher den Werth dieser Nutzung zu versteuern, während der Vermächtnißnehmer diesen Werth von dem Kapitalwerthe seines Vermächtnisses in Abzug bringen darf. Ist dagegen die Herauszahlung des Vermächtnisses an eine aufschiebende Bedingung geknüpft, so kommt dasselbe bei der Versteuerung des Nachlasses gemäß § 17 Abs. 1 vorerst von der steuerpflichtigen Masse nicht in Abzug, und der Vermächtnißnehmer hat gemäß § 16, Abs. 1 eine Steuer nicht zu entrichten. Erst beim Eintritt der Bedingung erfolgt die endgültige Besteuerung.

20. Nach dem bisherigen Rechte bestanden vielfach Zweifel, wie die Erbschaftssteuern zu berechnen waren, wenn der Erblasser Jemanden einen Bestandtheil seines Vermögens auf Todesfall geschenkt oder vermacht hatte, mit der Auflage, eine gewisse Summe in den Nachlaß einzuwerfen. Derartige Fälle kommen besonders häufig unter Ehegatten vor, beispielsweise in der Weise, daß schon im Ehevertrage einer der künftigen Ehegatten schenkungsweise dem anderen die Befugniß einräumt, eine ersterem persönlich gehörige Liegenschaft sich gegen Zahlung eines gewissen Betrages in den Nachlaß anzueignen (nicht zu verwechseln mit dem Fall, in welchem die Ertheilung dieser Befugniß nicht schenkungsweise erfolgt; zu vergleichen Urtheil des Landgerichts Zabern vom 16. Mai 1877, Amtsbl. 1879, S. 338), oder dergestalt, daß ein Ehegatte dem anderen im Testamente eine Liegenschaft gegen einen in den Nachlaß zu verrechnenden Anschlagspreis zuweist. In solchen Fällen hat der bedachte Ehegatte nunmehr den Werth des ihm zugewendeten Gegenstandes nach Abzug der in den Nachlaß einzuwerfenden Summe zu versteuern, während die Erben die Steuer für diese Summe zu entrichten haben.

21. Die in Gesellschaftsverträgen nicht selten vorkommende Bestimmung, daß im Falle des Todes eines Gesellschafters der Antheil desselben an dem Vermögen der Gesellschaft auf die überlebenden Gesellschafter übergehen soll, während den Erben des Verstorbenen nur der

Geldwerth dieses Antheils, wie derselbe auf Grund des Inventars und der Bilanz festgestellt wird, auszuzahlen ist, bildet einen bedingten Kaufvertrag, welcher durch das Vorableben eines der Gesellschafter zu einem unbedingten wird (vergleiche Urtheile des Landgerichts Metz vom 5. Juni 1877, Mülhausen vom 1. Mai 1879 und des Oberlandesgerichts Colmar vom 6. März 1885, Amtsbl. 1877, S. 245; 1880, S. 245; 1885, S. 157). Die Erben haben daher die ihnen auszuzahlende Summe, beziehungsweise die auf Zahlung derselben gerichtete Forderung in die steuerpflichtige Masse aufzunehmen. Daß dieselben verpflichtet sind, auf Verlangen der Steuerbehörde die Einsichtnahme der Bücher der Gesellschaft, des Inventars und der Bilanz zu gestatten, um eine Prüfung ihrer Angaben zu ermöglichen, ergibt sich aus der Vorschrift des § 28. Vergl. Bemerkung 4 zu diesem Paragraphen.

22. Bezüglich des Zeitpunktes, welcher für das Maß der Bereicherung bestimmend ist, enthält § 9 die Regel. Vergl. die Bemerkung 3 zu diesem Paragraphen.

§ 4.

Wenn eine Zuwendung zur Vergeltung von Leistungen bestimmt ist, welche mit dem Anfalle übernommen werden, hat bei der Berechnung der Steuer der Werth dieser Leistungen von der Zuwendung in Abzug zu kommen, sofern die Art der Leistungen von dem Erblasser bestimmt bezeichnet und die Schätzung derselben in Geld möglich ist.

1. Der Paragraph bezweckt hauptsächlich die Regelung remuneratorischer Vermächtnisse an Testamentsvollstrecker, von Vermächtnissen gegen die Verpflichtung, eine dritte Person zu alimentiren, oder von Vermächtnissen an Kirchen gegen die Verpflichtung, Messen zu lesen u. s. w.

Die Vorschrift, daß die Leistungen vom Erblasser genau bezeichnet sein müssen, erscheint nothwendig, um auszuschließen, daß wegen allgemeiner oder unklarer Andeutungen ein Abzug gemacht werde. Daß die Schätzung in Geld möglich sei, ist ebenfalls aus praktischen Gründen nothwendig. Bei dem vorerwähnten Beispiele der Vermächtnisse an Kirchen für Messen trifft diese Voraussetzung zu, da hierfür zumeist bestimmte Tarife bestehen. (B. S. 16.)

Wenn bezüglich der Schätzung des Geldwerthes der Leistungen eine Einigung zwischen dem Steuerpflichtigen und der Steuerbehörde nicht stattfindet, so greifen die Vorschriften des § 30 Platz.

2. Der Paragraph gestattet nur den Abzug des Werthes derjenigen Leistungen, welche mit dem Anfalle übernommen werden. Bezweckt die freigebige Verfügung die Vergeltung von Leistungen, welche früher schon erfolgt sind, so darf der Werth der Leistungen nicht in Abzug gebracht werden. Vergl. Bem. 8 zu § 1.

§ 5.

Innerhalb Elsaß-Lothringens befindliche Liegenschaften und denselben gleich geachtete Rechte unterliegen der Erbschaftssteuer ohne Rücksicht auf den Wohnsitz oder die Staatsangehörigkeit des Erblassers.

Auf Liegenschaften und denselben gleich geachtete Rechte außerhalb Elsaß-Lothringens erstreckt sich die Steuerpflicht nicht.

§ 6.

Das unkörperliche bewegliche Vermögen eines Erblassers, welcher zur Zeit des Erbgangs in Elsaß-Lothringen seinen Wohnsitz hatte, unterliegt der Erbschaftssteuer.

Das unkörperliche bewegliche Vermögen eines Erblassers, welcher zur Zeit des Erbgangs seinen Wohnsitz nicht in Elsaß-Lothringen hatte, ist von der Erbschaftssteuer befreit. Jedoch sind die zum Nachlasse eines solchen Erblassers gehörigen elsaß-lothringischen Staatsrenten, Aktien und Schuldverschreibungen sowie Forderungen, für welche elsaß-lothringische Grundstücke hypothekarisch belastet sind, steuerpflichtig, soweit in dem Heimathstaate des Erblassers die zu einem elsaß-lothringischen Nachlasse gehörigen Staatsrenten, Aktien, Schuldverschreibungen und Hypothekarforderungen dieses Landes besteuert werden und der Erbe nicht eine deutsche Staatsangehörigkeit besitzt.

§ 7.

Das körperliche bewegliche Vermögen eines Erblassers, welcher zur Zeit des Erbgangs in Elsaß-Lothringen seinen Wohnsitz hatte, unterliegt der Erbschaftssteuer. Insoweit sich dasselbe jedoch zur Zeit des Erbgangs außerhalb Elsaß-Lothringens befand, ist auf Verlangen die nach den Gesetzen des Landes, woselbst es sich befand, etwa zu entrichtende und erweislich gezahlte Erbschaftsabgabe in Abzug zu bringen.

Das körperliche bewegliche Vermögen eines Erblassers, welcher zur Zeit des Erbgangs seinen Wohnsitz nicht in Elsaß-Lothringen hatte, ist steuerfrei, das in Elsaß-Lothringen befindliche Vermögen jedoch nur, soweit in dem Heimathstaate des Erblassers gleiche Grundsätze bei der Besteuerung maßgebend sind. Auch in letzterem Falle tritt, wenn derjenige, welchem der Anfall zukommt, seinen Wohnsitz in Elsaß-Lothringen hat, die Steuerpflicht des in Elsaß-Lothringen befindlichen Vermögens mit der Maßgabe ein, daß derselbe berechtigt ist, eine etwa im Lande des Wohnorts oder der Staatsangehörigkeit des Erblassers auferlegte und erweislich gezahlte Erbschafts-abgabe in Abzug zu bringen.

§§ 5—7.

A. Allgemeine Bemerkungen.

Bezüglich der Behandlung der im Inlande belegenen Vermögens-stücke fremder Erblasser, sowie des zu einem inländischen Nachlasse ge-hörigen, außerhalb des Landes belegenen Vermögens bestehen in den neueren Erbschaftssteuergesetzen manche Verschiedenheiten.

Die beiden einfachsten Systeme, nach welchen sich diese Fragen des internationalen Erbschaftssteuerrechts lösen ließen, wären das Territoriali-täts- und das Personalitätssystem. Nach dem ersteren würden alle im Inland belegenen Vermögensstücke, ohne Rücksicht auf Staatsangehörig-keit oder Wohnort des Erblassers der Erbschaftssteuer unterliegen und alle im Auslande belegenen befreit sein. Nach dem Personalitätssystem würde sich im Gegentheil die Erbschaftssteuerpflicht lediglich nach der Person des Erblassers richten, ohne Rücksicht auf die Lage der Ver-mögensgegenstände.

Für die Liegenschaften wird in allen neueren Erbschaftssteuergesetzen (wie auch nach der bisherigen Gesetzgebung Elsaß-Lothringens, vergl. Art. 27 des Ges. vom 22 Frim. VII) ein derartiges einfaches Prinzip befolgt, und zwar das Territorialitätssystem. Dieses System stellt auch § 5 auf.

Bezüglich der beweglichen Sachen besteht zumeist ein gemischtes System. Die Grundsätze, auf welchen die neueren Gesetze beruhen, gehören theils dem Personalitäts-, theils dem Territorialitätssystem an, sind jedoch im Einzelnen verschieden.

Für Elsaß-Lothringen sieht das Gesetz in den §§ 6 u. 7 zunächst, was die Person des Erblassers angeht, von der Unterscheidung nach der Staatsangehörigkeit ab und erklärt lediglich den Wohnsitz als maßgebend, wie dies auch nach der bisherigen Gesetzgebung der Fall war. (§ 2 des Gesetzes, betreffend die Enregistrements- und Stempel-gebühren, vom 27. Mai 1888.)

Im Uebrigen unterscheidet das Gesetz, gleichfalls in Uebereinstimmung mit dem bisherigen Rechte, hinsichtlich unkörperlicher und körperlicher beweglicher Sachen.

Für die unkörperlichen beweglichen Sachen wendet § 6 entsprechend dem bisherigen Rechte (§§ 1 u. 2, Gesetz vom 27. Mai 1888) als Grund-satz das Personalitätssystem an, läßt aber für die in dessen Schlußsatz bezeichneten Werthe unter den dort angegebenen Voraussetzungen eine Ausnahme von diesem Grundsatze zu.

Bezüglich der körperlichen beweglichen Sachen gibt das Gesetz den bisher in Geltung gewesenen Grundsatz des reinen Territorialitätssystems (Art. 27, Gesetz vom 22 Frim. VII) auf und befolgt in § 7 als Princip das Personalitätssystem. Dieses System ist aber einerseits behufs Vermeidung einer Doppelbesteuerung gemildert durch Zulassung des Abzugs einer auf ausländischen Sachen lastenden Erbschaftssteuer; anderseits ist in den in den Schlußbestimmungen des § 7 hervorgehobenen Fällen auf das Territorialitätssystem zurückgegriffen. (Nach der Begründung S. 16 ff.)

B. Besondere Bemerkungen.

Zu § 5.

1. Was unter Liegenschaften und denselben gleichgeachteten Rechten zu verstehen ist, ist nach den Vorschriften des bürgerlichen Rechtes zu entscheiden. (Art. 517 ff. B. G.-B.) Darnach gehören zu den Liegenschaften die Sachen, welche entweder ihrer Natur nach oder zufolge Bestimmung des Eigenthümers unbeweglich sind. Vergl. hiezu Zachariä-Dreyer, franz. Civilrecht, Bd. 1, S. 442. Garnier, rép. unter dem Wort „biens" und Dict. de l'Enreg. unter dem gleichen Wort.

Zu den den Liegenschaften gleich geachteten Rechten gehören nach Art. 526 B. G.-B.:

a) Das Nutznießungs- und das Gebrauchsrecht, inwiefern diese Rechte eine Liegenschaft zum Gegenstand haben;
b) das Wohnungsrecht;
c) die Grunddienstbarkeiten;
d) die Klagen, mittelst welcher ein dingliches Recht an einer Liegenschaft in Anspruch genommen wird;
e) endlich ist hieher zu rechnen die Emphyteuse. Es ist zwar nach französischem Rechte bestritten, ob der bail emphytéotique als dingliches Recht zu betrachten ist, allein die Rechtsprechung hat sich für diese Auffassung entschieden. Nach denselben Grundsätzen ist der im Elsaß noch vielfach vorkommende Erbpacht zu beurtheilen. Zu vergl. hierüber Zachariä-Dreyer Bd. 1, S. 452 ff. u. S. 549 ff. J. Z. f. E.-L. Bd. 3, S. 394; Bd. 5, S. 223; Bd. 6, S. 164 u. Bd. 8, S. 10.

2. Bezüglich der Grunddienstbarkeiten ist indessen zu bemerken, daß dieselben als ein Zubehör des herrschenden Grundstücks zu betrachten sind. Es kommt deßhalb bezüglich der Frage der Steuerpflicht lediglich darauf an, wo das herrschende Grundstück gelegen ist. Wenn z. B. zum Vortheil eines außerhalb Elsaß-Lothringens gelegenen Grundstückes ein Wegerecht, ein Weiderecht, oder eine ähnliche Grunddienstbarkeit auf einer innerhalb Elsaß-Lothringens befindlichen Liegenschaft haftet, so kann nicht verlangt werden, daß diese Grunddienstbarkeit als ein selbstständiger Vermögensgegenstand der Steuer unterzogen werde; dieselbe ist vielmehr als Zubehör des außerhalb Elsaß-Lothringens befindlichen Grundstückes steuerfrei.

Umgekehrt kann aber auch bei der Festsetzung des Werthes einer innerhalb Elsaß-Lothringens befindlichen Liegenschaft nicht etwa der Werth einer solchen Dienstbarkeit in Abzug gebracht werden, die zum Vortheil dieser Liegenschaft auf einem außerhalb Elsaß-Lothringens befindlichen Grundstücke haftet.

3. Der Werth der unter vorstehender Bemerkung 1d bezeichneten Klagen ist nach Maßgabe der Vorschriften des § 15 zu bestimmen.

Zu § 6.

1. Wie schon in den vorstehenden allgemeinen Bemerkungen hervorgehoben ist, sieht das Gesetz hier, wie im folgenden Paragraphen von der Staatsangehörigkeit des Erblassers ab und erklärt lediglich den

Wohnsitz, den derselbe zur Zeit des Erbgangs hatte, als maßgebend. Durch die Worte „zur Zeit des Erbgangs" ist klar ausgesprochen, daß die Vorschrift des Paragraphen sich auch auf Erbschaften, die sich in Folge der Abwesenheit eröffnen, bezieht. B. K. S. 5.

Was unter Wohnsitz zu verstehen ist, bestimmt das Gesetz nicht näher. Es ist aber in der Kommissionsberathung darauf hingewiesen worden, daß die bisher über diese Frage geltenden Grundsätze unberührt bleiben sollen. B. K. S. 5. Diese Grundsätze sind in dem § 2 des Gesetzes, betreffend die Enregistrements- und Stempelgebühren vom 27. Mai 1888 beziehungsweise der Begründung zu diesem Paragraphen S. 7 ausgesprochen. Darnach hatte ein Erblasser seinen Wohnsitz innerhalb Elsaß-Lothringens, wenn sich derselbe daselbst niedergelassen und hier den Mittelpunkt seiner geschäftlichen und gesellschaftlichen Wirksamkeit genommen hatte. Handelt es sich um eine Person, welche dem deutschen Reiche nicht angehörte, so ist es ohne Bedeutung, ob diese die in Art. 13 B. G.-B. erforderte Erlaubniß des Staatsoberhauptes zur Niederlassung im Inlande nachgesucht hat oder nicht. Dieses findet namentlich auf die sogenannten Optanten Anwendung.

2. Zu den unkörperlichen beweglichen Sachen gehören insbesondere Werthpapiere aller Art, Renten- und Schuldverschreibungen von Staaten, Provinzen, Städten und anderen vermögensrechtlichen Körperschaften, Wechsel, Privatforderungen, Antheile an Gesellschaften, Aktien u. s. w. Bezüglich des hinterlegten baaren Geldes vergl. die Bem. 2 zu § 7.

3. Hinsichtlich der unkörperlichen beweglichen Sachen ist es gleichgültig, wo der Schuldner der zum Nachlasse gehörigen Forderungen wohnt, wo die zur Sicherstellung der Forderung verpfändeten Sachen belegen sind, wo die Gesellschaft, deren Antheile der Nachlaß besitzt, ihren Sitz hat, endlich wo die Beweisurkunden (Werthpapiere, Wechsel) sich augenblicklich befinden. Das Entscheidende ist, ob der Erblasser seinen Wohnsitz in Elsaß-Lothringen hatte oder nicht, ob also diese Werthe zu einem elsaß-lothringischen oder zu einem fremden Nachlaß gehören. Im ersteren Fall sind sie steuerpflichtig, im zweiten Fall steuerfrei. (B. S. 17.)

Eine Ausnahme von dieser Regel stellt indessen der Schlußsatz des Abs. 2 auf. Darnach sind die zu einem fremden Nachlaß gehörenden elsaß-lothringischen Staatsrenten, elsaß-lothringischen Aktien und Schuldverschreibungen, sowie Forderungen, für welche elsaß-lothringische Grundstücke hypothekarisch belastet sind, steuerpflichtig, soweit in dem Heimathsstaate des Erblassers die zu einem elsaß-lothringischen Nachlasse gehörenden Staatsrenten, Aktien, Schuldverschreibungen und Hypothekarforderungen dieses Landes (d. h. des Heimathsstaates des Erblassers) besteuert werden und der Erbe nicht eine deutsche Staatsangehörigkeit besitzt. Ist die letztere Voraussetzung gegeben, d. h. besitzt der Erbe nicht eine deutsche Staatsangehörigkeit, so ist im Zweifel anzunehmen, daß die fraglichen Werthe der Steuer unterliegen. Behauptet der Steuerpflichtige das Gegentheil, so hat er der Steuerbehörde den Nachweis zu erbringen, daß in dem Heimathsstaate des Erblassers die zu einem elsaß-lothringischen Nachlasse gehörenden Werthe gleicher Art dieses Staates nicht besteuert werden. Dieser Nachweis ist in der Regel durch eine amtliche Bescheinigung der zur Abgabe einer solchen berufenen fremden Behörde zu erbringen. Derselbe kann entweder in dem Augenblicke erbracht werden, da der Steuerpflichtige die diesseits geschuldeten Steuern entrichtet, oder, da das Gesetz eine entgegenstehende Bestimmung nicht enthält, auch später. Im letzteren Falle begründet der Nachweis einen Anspruch auf Rückerstattung der zu viel bezahlten Steuer. Dieser Anspruch muß aber innerhalb der in § 33 Z. 6 bestimmten Frist geltend gemacht werden. Vergl. Bem. zu Z. 6 § 33.

In der Gesetzgebung der deutschen Bundesstaaten findet sich beispielsweise eine Besteuerung solcher zu einem elsaß-lothringischen Nachlaß gehörenden Werthe nicht. (B. S. 18.) Es sind deßhalb die elsaß-lothringischen Werthe der bezeichneten Art, die zum Nachlasse eines Erblassers gehören, welcher außerhalb Elsaß-Lothringens in einem deutschen Bundesstaate seinen Wohnsitz hatte, immer steuerfrei, und zwar auch dann, wenn der Erbe eine deutsche Staatsangehörigkeit nicht besitzt.

Dagegen findet sich eine solche Besteuerung in der französischen Gesetzgebung. Es unterliegen deshalb die zum Nachlaß eines Erblassers, der in Frankreich seinen Wohnsitz hatte, gehörigen elsaß-lothringischen Werthe der bezeichneten Art der diesseitigen Erbschaftssteuer, sofern der Erbe nicht eine deutsche Staatsangehörigkeit besitzt.

Auf andere, als die im Gesetz namentlich aufgeführten Werthe darf die Bestimmung nicht ausgedehnt werden. Es sind deshalb die zu einem fremden Nachlasse gehörenden Wechsel, Forderungen, für welche keine elsaß-lothringischen Grundstücke hypothekarisch belastet sind u. s. w. unter allen Umständen steuerfrei.

Zu § 7.

1. Bezüglich des Wohnsitzes vergl. Bem. 1 zu § 6.

2. Zu den körperlichen beweglichen Sachen gehört auch baares Geld, wenn es unter Wahrung des Eigenthumsrechtes an den einzelnen Stücken hinterlegt ist, während anderenfalls eine Forderung auf Rückgabe einer gleichen Summe besteht. (B. S. 18.)

3. Nach Abs. 1 unterliegen sämmtliche körperliche bewegliche Sachen, die zu einem elsaß-lothringischen Nachlaß gehören, der Steuer, ohne Rücksicht darauf, wo sie sich zur Zeit des Erbgangs (vergl. Bem. 1 zu § 6) befinden. Für die Sachen aber, die sich an dem bezeichneten Zeitpunkt außerhalb Elsaß-Lothringen befanden, ist auf Verlangen die nach den Gesetzen des Landes, woselbst sie sich befanden, etwa zu entrichtende und erweislich gezahlte Erbschaftssteuer von der diesseitigen Erbschaftssteuer in Abzug zu bringen. Bei diesem Abzug kommt nur derjenige Betrag der diesseitigen Steuer in Betracht, welcher auf die im Ausland befindlichen körperlichen beweglichen Gegenstände entfällt. Ist dieser niedriger als der im Ausland bezahlte, sei es, weil dort ein höherer Tarifsatz besteht, sei es, weil ein Abzug von Schulden nicht gestattet ist, so hat der Steuerpflichtige nur einen Anspruch darauf, daß der diesseits geschuldete Betrag außer Erhebung bleibt. Der Unterschied zwischen diesem und dem im Ausland bezahlten darf nicht etwa von den auf die übrigen Werthe geschuldeten Steuern in Abzug gebracht werden.

Wird ein solcher Abzug beansprucht, so hat der Steuerpflichtige der Amtsstelle das Vorhandensein der beiden Voraussetzungen nachzuweisen.

Es genügt nicht der Nachweis, daß nach den Gesetzen des betreffenden Landes eine Erbschaftssteuer für die betreffenden Gegenstände geschuldet, es muß auch nachgewiesen sein, daß diese Steuer bereits bezahlt ist. Auf die etwaige Erklärung des Steuerpflichtigen, daß er die Steuer in dem fremden Lande bezahlen werde, ist keine Rücksicht zu nehmen. Der Nachweis ist in der Regel durch die Vorlage der durch die Steuerbehörde des betreffenden Landes ausgestellten Quittung zu erbringen.

Das Gesetz macht indessen das Recht auf den Abzug nicht davon abhängig, daß der erforderte Beweis bereits in dem Augenblick erbracht wird, da der Steuerpflichtige die diesseits geschuldete Steuer entrichtet. Der Nachweis kann auch später noch erbracht werden und begründet dann für den Steuerpflichtigen, der die diesseitige Steuer ohne Abzug bezahlt hat, ein Recht auf Rückerstattung des zu viel Bezahlten. Dieses Recht muß aber innerhalb der in § 33 Z. 6 bestimmten Verjährungsfrist geltend gemacht werden. Vergl. Bem. zu Z. 6 § 33.

4. Nach Abs. 2 sind die sämmtlichen zu einem fremden Nachlaß gehörenden körperlichen beweglichen Sachen steuerfrei. Diese Steuerfreiheit besteht in der Regel auch für diejenigen Sachen, die sich zur Zeit des Erbgangs in Elsaß-Lothringen befanden. Für diese Sachen tritt aber ausnahmsweise die Steuerpflicht in zwei Fällen ein.

Zunächst ist die Steuer dann geschuldet, wenn in dem Heimathsstaate des Erblassers die Gegenseitigkeit nicht gewährt ist, wenn also in diesem Staate die in seinem Gebiet befindlichen körperlichen beweglichen Sachen eines elsaß-lothringischen Nachlasses besteuert werden. Im Zweifel ist anzunehmen, daß die fraglichen Werthe der Steuer unterliegen. Behauptet der Steuerpflichtige das Gegentheil, so hat er der Steuerbehörde den Nachweis zu erbringen, daß in dem fraglichen Staate die von dem Paragraphen erforderte Gegenseitigkeit besteht. Wie dieser Beweis zu erbringen ist, ist in Bem. 3 zu § 6 angegeben. In der Gesetzgebung der deutschen Bundesstaaten ist beispielsweise die Gegenseitigkeit verbürgt; es sind deshalb die in Elsaß-Lothringen befindlichen körperlichen beweglichen Sachen, die zum Nachlaß eines Erblassers gehören, der außerhalb Elsaß-Lothringens in einem der deutschen Bundesstaaten seinen Wohnsitz hatte, steuerfrei, sofern nicht der zweite Ausnahmefall vorliegt (vergl. unten). Dagegen ist in der französischen Gesetzgebung die Gegenseitigkeit nicht gewährt; es unterliegen daher die zu einem französischen Nachlaß gehörenden in Elsaß-Lothringen befindlichen körperlichen beweglichen Sachen der diesseitigen Steuer.

Der zweite Fall, in welchem für die zu einem fremden Nachlaß gehörenden in Elsaß-Lothringen befindlichen körperlichen beweglichen Sachen die Steuerpflicht eintritt, ist dann gegeben, wenn sich der Erbe in Elsaß-Lothringen befindet. Diese Bestimmung rechtfertigt sich durch die Erwägung, daß ohne dieselbe die im Inlande befindlichen Sachen an Inländer vererbt werden würden ohne Steuerentrichtung, wofür keine Billigkeitsgründe sprechen. (B. S. 18.) In diesem Falle bleibt die Frage der Gegenseitigkeit außer Betracht und es ist die Steuer auch dann zu erheben, wenn nach der Gesetzgebung des Heimathstaates des Erblassers die Vererbung derartiger zu einem elsaß-lothringischen Nachlaß gehörenden Sachen steuerfrei vor sich gehen sollte. Der Erbe ist indessen berechtigt, eine etwa im Lande des Wohnortes oder

der Staatsangehörigkeit des Erblassers auferlegte und nachweislich bezahlte Erbschaftsabgabe in Abzug zu bringen. Bezüglich dieses Abzuges wird auf vorstehende Bem. 3 verwiesen.

§ 8.

Schulden und Lasten, welche nur auf einem nach §§ 5—7 steuerfreien oder steuerpflichtigen Theile der Masse haften, kommen nur bei diesem Theile, Schulden und Lasten, welche vorzugsweise auf einem steuerfreien oder vorzugsweise auf einem steuerpflichtigen Theile der Masse haften, zunächst bei diesem Theile und erst, soweit sie hierdurch nicht gedeckt werden, bei der übrigen Masse in Abzug.

Sonstige Schulden und Lasten, welche sowohl auf dem steuerfreien, als auch auf dem steuerpflichtigen Theile der Masse haften, kommen von letzterem nur nach dem Verhältniß dieses Theils zur gesammten Masse in Abzug.

Hatte jedoch der Erblasser seinen Wohnsitz nicht in Elsaß-Lothringen, so findet von dem gemäß §§ 5—7 steuerpflichtigen Vermögen ein Abzug von Schulden und Lasten überhaupt nur statt, soweit in dem Heimathstaate des Erblassers gleiche Grundsätze bezüglich des Abzugs von Schulden und Lasten maßgebend sind.

1. Die Vorschriften des Paragraphen sind nothwendig, weil nach den vorhergehenden Bestimmungen nicht sämmtliches Vermögen eines an sich steuerpflichtigen Nachlasses für die Erbschaftssteuer in Betracht kommt und daher auch nicht der Abzug aller Schulden des Erblassers ausnahmslos gestattet werden kann, und weil anderseits einzelne Vermögensstücke eines an sich steuerfreien Nachlasses erbschaftssteuerpflichtig sein können und für solche Fälle der Abzug gewisser Schulden des Erblassers gestattet werden muß. (B. S. 18.)

2. Zu den Schulden und Lasten, welche nur auf einem Theile der Masse haften, sind die in manchen Rechtsgebieten des Reichs vorkommenden Grundschulden zu rechnen. (B. S. 18.) Wenn daher zu einem elsaß-lothringischen Nachlaß ein außerhalb Elsaß-Lothringens gelegenes Grundstück gehört, welches mit einer solchen Grundschuld belastet ist, so bleibt diese Grundschuld bei der Aufstellung der steuerpflichtigen Masse außer Betracht.

3. Zu den Schulden und Lasten, welche vorzugsweise auf einem Theile der Masse haften, sind die gegen den Erblasser erworbenen Hypotheken zu rechnen (B. S. 18); ferner die Schulden des Erblassers, zu deren Sicherstellung ein Faustpfand bestellt oder durch Pfändung ein Pfandrecht erworben worden ist; weiter die Schulden, für welche ein Vorzugsrecht an bestimmten Gegenständen besteht. (Vergl. § 20, Ausf.-Ges. zu den Pr.-O. u. §§ 40 u. 41 K.-O.)

4. Abs. 3 enthält eine der Vorschrift des § 6 entsprechende Retorsionsmaßregel. Es liegt kein Grund vor, die Vergünstigung des Schuld-

abzuges ohne Rücksicht auf Gegenseitigkeit auch fremden Nachlaßmassen zu Theil werden zu lassen, zumal hier die Prüfung der Richtigkeit angegebener Schulden oft auf Schwierigkeiten stoßen wird. (B. S. 18.) Diese Retorsionsmaßregel greift auch dann Platz, wenn der Erbe eine deutsche Staatsangehörigkeit besitzt, da der Paragraph einen Unterschied in dieser Beziehung nicht aufstellt. Beansprucht der Erwerber einer fremden Nachlaßmasse, zu welcher gemäß §§ 5—7 steuerpflichtiges Vermögen gehört, den Abzug von Schulden und Lasten, so hat er der Amtsstelle den Nachweis zu erbringen, daß in dem Heimathsstaate des Erblassers gleiche Grundsätze bezüglich des Abzuges von Schulden und Lasten maßgebend sind. Wie dieser Nachweis zu erbringen ist, ist in Bem. 3 zu § 6 angegeben. Derselbe kann in dem Augenblick erbracht werden, da der Steuerpflichtige die Steuer entrichtet, oder, da das Gesetz eine entgegenstehende Bestimmung nicht enthält, auch später. Im letzteren Falle begründet der Nachweis einen Anspruch auf Rückerstattung. Dieser Anspruch muß aber innerhalb der in § 33 Z. 6 bestimmten Frist geltend gemacht werden. Vergl. Bem. zu Z. 6 § 33.

In den deutschen Bundesstaaten wird beispielsweise nach vorstehenden Grundsätzen verfahren. Es genießt daher die Nachlaßmasse eines Erblassers, der außerhalb Elsaß-Lothringens in einem der deutschen Bundesstaaten seinen Wohnsitz hatte, soweit dieser Nachlaß der diesseitigen Steuer unterliegt, auch die Vergünstigung des Schuldenabzuges nach Maßgabe der in dem Paragraphen getroffenen Bestimmungen. Dagegen findet in Frankreich ein Schuldenabzug nicht statt; es ist deßhalb bei Aufstellung der zu einem französischen Nachlaß gehörenden steuerpflichtigen Masse der Abzug von Schulden nicht gestattet.

5. Beispiele.

A. Zu dem Nachlasse eines Erblassers, der in Elsaß-Lothringen seinen Wohnsitz hatte, gehört neben steuerpflichtigem Vermögen auch eine Erbschaft, welche der Erblasser unter der Rechtswohlthat des Erbverzeichnisses angenommen hatte. Diese besteht ausschließlich aus Werthen, die gemäß §§ 5—7 steuerfrei sind. Die auf denselben haftenden Schulden und Lasten übersteigen das Aktivvermögen. Der nicht gedeckte Betrag der Schulden und Lasten darf nicht von dem steuerpflichtigen Vermögen in Abzug gebracht werden, weil diese Schulden und Lasten nur auf dem unter der Rechtswohlthat angenommenen Nachlasse, nicht aber auf dem eigenen Vermögen des Erblassers haften.

B. Der Nachlaß eines Erblassers, der in Elsaß-Lothringen seinen Wohnsitz hatte, begreift folgende Werthe:

Aktiv.

a)	Liegenschaften in Baden, geschätzt zu einem Kapitalwerthe von	12 000 ℳ
b)	ein Wohnhaus in Elsaß-Lothringen, geschätzt zu einem Kapitalwerthe von	20 000 „
c)	die in diesem Hause befindliche Mobiliareinrichtung, geschätzt zu	3 500 „
d)	baares Geld	500 „
	Zusammen . . .	36 000 ℳ

Passiv:

a) eine Schuld von . . . . 6 000 ℳ
für welche die in Baden befindlichen Liegenschaften hypothekarisch haften.

b) verschiedene einfache Darlehensschulden im Betrag von 4 000 „

Die erste Schuld ist ganz von dem Werthe der in Baden befindlichen Liegenschaften abzuziehen.

Die andern Schulden haften sowohl auf dem steuerfreien, als auf dem steuerpflichtigen Theil der Masse und kommen deßhalb von dem letzteren nur nach Verhältniß dieses Theils zur gesammten Masse in Abzug. Diese Gesammtmasse begreift noch:

a) Den Werth der in Baden befindlichen Liegenschaften nach Abzug der darauf haftenden Hypothekenschuld . 6 000 ℳ

b) die steuerpflichtigen Werthe mit zusammen . . . . 24 000 „

Im Ganzen . . . 30 000 ℳ

Die steuerpflichtigen Werthe mit . . . . 24 000 ℳ
bilden $^4/_5$ der gesammten Masse; es kommen also von den Schulden zu 4 000 ℳ $^4/_5$ mit . . . . 3 200 „
in Abzug, sodaß als steuerpflichtige Masse rein verbleiben 20 800 „

C. Ein Erblasser, der seinen Wohnsitz in Elsaß-Lothringen hatte und zu dessen Nachlaß steuerfreies und steuerpflichtiges Vermögen gehört, hat seinem Erben die Verpflichtung auferlegt, einem Dritten als Vermächtniß eine Summe baaren Geldes auszuzahlen. Das Vermächtniß kommt von dem steuerpflichtigen Vermögen nur nach Verhältniß des letzteren zur gesammten Masse in Abzug.

D. Zu dem Nachlasse eines Erblassers, der in Frankreich seinen Wohnsitz hatte, gehören elsaß-lothringische Liegenschaften, auf denen eine Hypothekenschuld haftet. Diese Schuld darf von dem Werthe der Liegenschaften nicht in Abzug gebracht werden.

Beispiele zu den §§ 5—8.

I. Der Erblasser hatte seinen Wohnsitz in Frankreich. Der Erbe besitzt eine deutsche Staatsangehörigkeit nicht.

Zum Nachlaß gehören:

Aktiv.

a) eine Liegenschaft zu Straßburg;
b) eine elsaß-lothringische Staatsrente;
c) eine Forderung, für welche elsaß-lothringische Liegenschaften hypothekarisch belastet sind;
d) eine Wechselforderung an einen Elsaß-Lothringer;
e) eine Forderung laut eines Schuldscheins unter Privatunterschrift, ausgestellt durch einen Elsaß-Lothringer;
f) verschiedene körperliche bewegliche Gegenstände, die sich in einem in Elsaß-Lothringen gelegenen Landhaus befinden, das der Erblasser gemiethet hatte;
g) eine Forderung aus einem Lebensversicherungsvertrag, geschuldet durch eine elsaß-lothringische Gesellschaft;
h) ein Pfandbrief einer elsaß-lothringischen Bankgesellschaft.

Passiv.

a) eine Schuld, für welche die oben bezeichnete Liegenschaft hypothekarisch belastet ist;
b) der dem Eigenthümer des Landhauses geschuldete Miethzins für das letzte halbe Jahr.

Von dem Aktivbestand sind steuerpflichtig:

a) die Liegenschaften gemäß § 5;
b) die Staatsrente;
c) die Hypothekarforderung;
d) der Pfandbrief;
die letzteren 3 Werthe unterliegen gemäß des letzten Satzes des § 6 der Steuer, weil auch in Frankreich die zu einem elsaß-lothringischen Nachlaß gehörenden französischen Staatsrenten Schuldverschreibungen und Hypothekarforderungen der Steuer unterzogen werden und weil der Erbe eine deutsche Staatsangehörigkeit nicht besitzt;
e) die körperlichen beweglichen Gegenstände gemäß § 7, Abs. 2, erster Satz, weil in Frankreich die zu einem elsaß-lothringischen Nachlasse gehörigen körperlichen beweglichen Gegenstände, die sich in Frankreich befinden, besteuert werden.

Alle übrigen Werthe sind steuerfrei gemäß § 6, Abs. 2, erster Satz. Die Schulden dürfen gemäß § 8, Abs. 3, nicht in Abzug gebracht werden, weil in Frankreich der Abzug von Schulden nicht gestattet ist.

II. Der Erblasser hatte seinen Wohnsitz in Frankreich, der Erbe hat seinen Wohnsitz in Elsaß-Lothringen und besitzt eine deutsche Staatsangehörigkeit.

Zum Nachlaß gehören die nämlichen Aktiv- und Passivwerthe wie bei I. Steuerpflichtig sind:

a) die Liegenschaft gemäß § 5;
b) die körperlichen beweglichen Gegenstände gemäß § 7, Abs. 2, weil der Erbe seinen Wohnsitz in Elsaß-Lothringen hat.

Alle übrigen Werthe sind steuerfrei, und zwar die Forderung aus dem Wechsel, dem Privatschuldschein und dem Lebensversicherungsvertrag gemäß § 6, Abs. 2, erster Satz. Die übrigen unkörperlichen beweglichen Gegenstände trotz des Mangels der Gegenseitigkeit gemäß § 6, Abs. 2, letzter Satz, weil der Erbe eine deutsche Staatsangehörigkeit besitzt.

Die Schulden dürfen aus dem bei I angegebenen Grunde nicht in Abzug gebracht werden.

III. Der Erblasser hatte seinen Wohnsitz in Frankreich, der Erbe hat den seinigen in einem deutschen Bundesstaate außerhalb Elsaß-Lothringens und besitzt eine deutsche Staatsangehörigkeit.

Zum Nachlasse gehören die nämlichen Aktiv- und Passivwerthe wie bei I.

Die Besteuerung ist in der gleichen Weise vorzunehmen, wie bei II. Der Grund, weßhalb die körperlichen beweglichen Gegenstände der Steuer unterliegen, ist aber hier ein anderer wie bei II, nämlich der, daß in dem Heimathsstaate des Erblassers die Gegenseitigkeit nicht verbürgt ist, § 7, Abs. 2, erster Satz. Im Uebrigen sind dieselben Gründe maßgebend wie bei II.

IV. Der Erblasser hatte seinen Wohnsitz in Dresden, der Erbe ebenfalls. Letzterer besitzt eine deutsche Staatsangehörigkeit.

Zum Nachlaß gehören die gleichen Aktiv- und Passivwerthe wie bei I.

Steuerpflichtig ist nur die Liegenschaft gemäß § 5.

Die Staatsrente, die Hypothekarforderung und der Pfandbrief sind gemäß § 6, Abs. 2, steuerfrei, weil auch in Sachsen die zu einem elsaß-lothringischen Nachlaß gehörigen sächsischen Staatsrenten, Hypothekarforderungen und Schuldverschreibungen der Steuer nicht unterzogen werden. Die übrigen unkörperlichen beweglichen Gegenstände sind steuerfrei gemäß § 6, Abs. 2, erster Satz, die körperlichen beweglichen Gegenstände gemäß § 7, Abs. 2, erster Satz, weil in Sachsen bezüglich der Besteuerung der zu einem elsaß-lothringischen Nachlaß gehörigen, in Sachsen befindlichen körperlichen beweglichen Gegenstände die gleichen Grundsätze maßgebend sind.

Aus demselben Grunde dürfen auch gemäß § 8, Abs. 3, die Schulden von der steuerpflichtigen Masse in Abzug gebracht werden. Bezüglich der Art und Weise des Abzuges sind die Vorschriften des § 8, Abs. 1 und 2, maßgebend.

V. Der Erblasser hatte seinen Wohnsitz in Dresden, der Erbe besitzt eine deutsche Staatsangehörigkeit nicht.

Zum Nachlasse gehören die gleichen Aktiv- und Passivbestände wie bei I.

Hier gelten für die Besteuerung die gleichen Grundsätze wie bei IV.

VI. Der Erblasser hatte seinen Wohnsitz in Dresden, der Wohnsitz des Erben befindet sich in Elsaß-Lothringen.

Zum Nachlasse gehören die gleichen Aktiv- und Passivwerthe wie bei I.

Steuerpflichtig sind:

a) die Liegenschaft gemäß § 5.
b) die körperlichen beweglichen Gegenstände. Bezüglich dieser letzteren tritt trotz der in Sachsen verbürgten Gegenseitigkeit gemäß § 7 Abs. 2 letzter Satz die Steuerpflicht deßhalb ein, weil der Erbe in Elsaß-Lothringen seinen Wohnsitz hat.

Im Uebrigen gelten die gleichen Besteuerungsgrundsätze wie bei IV.

VII. Der Erblasser hatte seinen Wohnsitz in Elsaß-Lothringen, der Erbe hat den seinigen ebenfalls daselbst.

Zum Nachlasse gehören:

a) eine Liegenschaft in Bayern,
b) eine bayerische Staatsschuldverschreibung,
c) eine Forderung, für welche bayerische Liegenschaften verpfändet sind,
d) eine Wechselforderung, geschuldet durch einen Württemberger,
e) eine Forderung laut eines Schuldscheines unter Privatunterschrift, ausgestellt durch einen Hessen,
f) verschiedene körperliche bewegliche Gegenstände, die sich zur Zeit des Erbgangs in Frankreich befanden,
g) eine Forderung aus einem Lebensversicherungsvertrage, geschuldet durch eine preußische Lebensversicherungsgesellschaft,
h) ein Pfandbrief einer italienischen Bankgesellschaft.

An Schulden sind vorhanden:

a) eine Schuld an einen Bayern, für welche die in Bayern gelegene Liegenschaft hypothekarisch belastet ist,

b) eine Schuld laut eines Schuldscheins unter Privatunterschrift.

Steuerfrei ist nur die Liegenschaft gemäß § 5, alles andere ist steuerpflichtig, und zwar die unkörperlichen beweglichen Gegenstände gemäß § 6 Abs. 1, die körperlichen beweglichen Gegenstände gemäß § 7 Abs. 1. Da indessen in Frankreich die daselbst befindlichen Gegenstände letzterer Art besteuert werden, so ist der Erbe, wenn er nachweist, daß er diese Steuer bezahlt hat, gemäß der zuletzt angezogenen Gesetzesstelle berechtigt, zu verlangen, daß dieselbe von der Steuer abgezogen werde, die er in Elsaß-Lothringen für die in Frankreich befindlichen Gegenstände zu entrichten hat. Dabei ist in folgender Weise zu verfahren. Gesetzt,

der Werth dieser Gegenstände betrüge.	ℳ 1000,—
und von den vorhandenen Schulden träfen auf dieselben .	ℳ 200,—
so würde die in Elsaß-Lothringen zu entrichtende Steuer von einem Werthe von	ℳ 800,—

zu berechnen sein.

Nimmt man an, daß der Erbe ein Sohn des Erblassers ist, so wären geschuldet 1%	ℳ 8,—

In Frankreich findet ein Abzug der Schulden nicht statt, es sind also dort zu versteuern	ℳ 1000,—	
Der Tarifsatz beträgt 1%	ℳ 10,—	
Dazu kommen noch 2½ Zehntel	ℳ 2,50	
Zusammen		ℳ 12,50
es sind demnach in Frankreich mehr zu bezahlen		ℳ 4,50

Der Erbe kann nur verlangen, daß auf die inländische Steuer der Betrag von 8 ℳ angerechnet wird; der Rest darf nicht etwa von den für die übrigen Werthe geschuldeten Steuern in Abzug gebracht werden. Vergl. die Bem. 3 zu § 7.

Die Schulden sind nach § 8 Abs. 1 u. 2 von dem Activbestand in Abzug zu bringen.

VIII. Der Erblasser hatte seinen Wohnsitz in Elsaß-Lothringen, der Erbe den seinigen in einem deutschen Bundesstaate außerhalb Elsaß-Lothringens und besitzt eine deutsche Staatsangehörigkeit.

Zum Nachlaß gehören die nämlichen Werthe wie zu VII.

Hier gelten für die Besteuerung die gleichen Grundsätze wie zu VII.

IX. Der Erblasser hatte seinen Wohnsitz in Elsaß-Lothringen, der Erbe besitzt eine deutsche Staatsangehörigkeit nicht.

Zum Nachlasse gehören die nämlichen Werthe wie zu VII.

Hier gelten die gleichen Besteuerungsgrundsätze wie zu VII.

§ 9.

Für die Berechnung der Erbschaftssteuer ist der gemeine Werth der steuerpflichtigen Masse am Tage des Todes des Erblassers beziehungsweise der Erlangung des Besitzes des Vermögens Abwesender maßgebend. Für Liegenschaften — mit Ausnahme von Bauplätzen, welche einen dem Werth entsprechenden Ertrag nicht liefern — tritt an Stelle des Werthes das 20fache des jährlichen Ertrags, insoweit keine Schulden vorhanden sind oder die nach dem Werthe geschätzten Liegenschaften hinreichen, um die hypothekarischen und die das bewegliche Vermögen übersteigenden sonstigen Schulden zu decken.

1. Die Vorschrift des Paragraphen bezieht sich auf die sämmtlichen zur Masse gehörenden Vermögensstücke. Demnach ist für alle diese Vermögensstücke der gemeine Werth maßgebend. Eine Ausnahme ist gestattet. Vergl. hierüber die unten folgende Bem. 4.

2. Der gemeine Werth ist der Kaufwerth, den die Sache für jedermann hat. Ein durch besondere Umstände oder besondere Vorliebe etwa begründeter Mehrwerth bleibt außer Betracht.

3. Als Zeitpunkt, welcher für die Berechnung des Werthes maßgebend ist, bestimmt der Paragraph den Tag des Todes des Erblassers beziehungsweise der Erlangung des Besitzes des Vermögens Abwesender. Vergl. Bem. 9 zu § 1.

Der Tag des Todes ist auch dann maßgebend, wenn es sich um den Anfall von Vermögen handelt, dessen Erwerb von einer aufschiebenden Bedingung abhängt (§ 16), da die Bedingung im Falle der Erfüllung gemäß Art. 1179 B. G.-B. auf den Todestag zurückwirkt.

Dagegen enthält der angezogene § 16 eine Ausnahme bezüglich des Anfalles von Vermögen, dessen Erwerb auf einen Anfangstermin hinausgerückt ist, dessen Eintritt nicht bestimmt ist. Beim Eintritt des Termins ist bei der Berechnung der Steuer auf die Wirkung Rücksicht zu nehmen, welche der Termin etwa geäußert hat. (B. S. 21).

Eine weitere Ausnahme enthält Abs. 2 des § 16 bezüglich des unter einer auflösenden Bedingung oder mit einem Endtermin, dessen Eintritt nicht bestimmt ist, erworbenen Vermögens. Der Eintritt der Bedingung oder des Endtermins begründet einen Anspruch auf Zurückerstattung der gezahlten Steuer. Es wird aber der Steuerbetrag zurückbehalten, welcher der Bereicherung entspricht, welche der Steuerpflichtige am Tage des Eintritts der Bedingung oder des Endtermins erfahren hat.

Die Bestimmung des § 15 bezüglich der später erfolgenden, endgültigen Berechnung des Werthes unsicherer, ungewisser oder unbekannter Ansprüche enthält nur eine scheinbare Ausnahme. Dem Nachlasse stand schon am Todestage des Erblassers der Anspruch auf den später festgestellten Werth zu; dieser Werth war nur damals noch nicht bekannt.

Uebrigens ist auch in denjenigen Fällen, in welchen für die Berechnung des Werthes ein späterer Zeitpunkt als der Todestag des Erblassers in Betracht kommt, der Anspruch der Staatskasse auf die Steuer mit dem Tode des Erblassers beziehungsweise der Erlangung des Besitzes des Vermögens Abwesender rechtlich zur Entstehung gelangt. Vergl. Bem. 10 zu § 1.

4. Durch die Vorschrift des Paragraphen ist auch die Bestimmung des bisherigen Rechtes, nach welcher bezüglich der Grundstücke das 20fache des jährlichen Ertrages der Steuerberechnung zu Grund zu legen war, als Regel beseitigt. Auch für die Liegenschaften kommt in der Regel der gemeine Werth in Betracht.

Diese Regel hat auf Bauplätze, welche einen dem Werthe entsprechenden Ertrag nicht liefern, uneingeschränkt Anwendung zu finden. Für die Berechnung der von solchen Bauplätzen geschuldeten Steuer ist daher in allen Fällen der gemeine Werth maßgebend, welcher, sofern er nicht feststeht, gemäß § 14 schätzungsweise zu ermitteln ist.

Für alle übrigen Liegenschaften dagegen gestattet der Paragraph eine Ausnahme. Für diese Liegenschaften tritt nämlich an Stelle des gemeinen Werthes das 20fache des jährlichen Ertrages, insoweit entweder gar keine Schulden vorhanden sind, oder die nach dem Werthe geschätzten Liegenschaften hinreichen, um die hypothekarischen und die das bewegliche Vermögen übersteigenden sonstigen Schulden zu decken. Es kann demnach bezüglich dieser Liegenschaften eine doppelte Berechnungsweise Platz greifen. Soweit dieselben zur Deckung von Schulden in Anspruch genommen werden, sind sie nach dem gemeinen Werthe, bezüglich des noch verbleibenden Restes nach dem 20fachen des Ertrages zu besteuern. Der B. K. S. 6 führt hiefür folgendes Beispiel an:

Die Erbschaftsmasse beläuft sich, nach dem Werthe geschätzt, auf 100 000 ℳ, wovon 10 000 ℳ auf bewegliche Gegenstände, 90 000 ℳ auf Liegenschaften mit 30 000 ℳ Schulden treffen. Die Schulden sind zunächst von dem beweglichen Vermögen und dann von gewissen Liegenschaften abzuziehen. Die sodann noch verbleibenden Liegenschaften sind nach dem 20fachen des Ertrages zu besteuern.

Der Paragraph erwähnt nur die Schulden. Diesen gleichzuachten sind aber die auf einer Liegenschaft ruhenden Lasten, z. B. Grundrenten.

Es liegt auf der Hand, daß die Berechnung nach dem 20fachen des jährlichen Ertrages in Fällen, wie sie das vorstehende Beispiel annimmt, nur dann zulässig ist, wenn mehrere Liegenschaften vorhanden sind. Gehört zum Nachlaß nur eine einzige Liegenschaft, so ist diese, wenn das bewegliche Vermögen zur Deckung der Schulden nicht ausreicht, auch dann nach dem gemeinen Werthe zu besteuern, wenn dieser den noch verbleibenden Schuldenrest übersteigt. Eine doppelte Berechnungsweise bezüglich einer und derselben Liegenschaft kennt das Gesetz nicht. In manchen Fällen kann es zweifelhaft sein, ob das unbewegliche Nachlaßvermögen als eine einzige Liegenschaft zu betrachten ist, oder nicht; so z. B. bezüglich einer aus mehreren Anwesen bestehenden Fabrik, bezüglich eines aus mehreren Parzellen zusammengesetzten Landgutes u. s. w. Die Entscheidung ist im einzelnen Falle unter Berücksichtigung der gegebenen thatsächlichen Verhältnisse zu treffen und wenn nach diesen Verhältnissen die Liegenschaft als Ganzes angesehen werden muß, so ist es dem Steuerpflichtigen nicht gestattet, dieselbe behufs der Steuerberechnung nach ihren einzelnen Bestandtheilen in die Erbschaftserklärung aufzunehmen.

Unter Ertrag im Sinne des Paragraphen ist, wie nach der bisherigen Gesetzgebung, nicht etwa der der Wirklichkeit häufig wenig entsprechende Katastralreinertrag zu verstehen, ebensowenig der Ertrag, welcher thatsächlich im Jahr des Todes des Erblassers erzielt worden ist, sondern die durchschnittlich unter regelmäßigen Verhältnissen nach der Beschaffenheit des Grundstücks zur Zeit des Todes dem Grundeigenthümer aus demselben zukommende Rente, wie sie — gleichfalls regelmäßige Verhältnisse vorausgesetzt — im Pachtzinse ihren Ausdruck findet, also der Ertrag nach Abzug der Betriebskosten, aber ohne Abzug der mit dem Eigenthum verbundenen Lasten, z. B. der Grundsteuer. Von der Wiederholung der in dem bisherigen Recht enthaltenen Bestimmung, wonach für die Berechnung des Ertrags der Pachtzins zu Grund gelegt werden mußte, wenn zur Zeit des Todes das Grundstück verpachtet war, hat das Gesetz wegen des formalistischen Charakters dieser Bestimmung, die auch in der Praxis häufig zu Schwierigkeiten und unzutreffenden Besteuerungen führte, Abstand genommen. (B. S. 19).

In der Regel wird daher, wenn das nach dem Ertragswerth zu besteuernde Grundstück zur Zeit des Todes verpachtet war, das 20fache des Pachtzinses der Steuerberechnung zu Grunde zu legen sein. Nur dann, wenn Verhältnisse nicht regelmäßiger Art auf die Höhe des Pachtzinses eingewirkt haben — sei es, daß der Pachtzins dadurch höher oder auch niedriger geworden ist, als unter regelmäßigen Verhältnissen —, ist der Pachtvertrag außer Berücksichtigung zu lassen und der Ertrag durch den Steuerpflichtigen zu schätzen. Vergl. § 14.

5. Bei Werthpapieren, welche an einer öffentlichen Börse notirt werden, berechnet sich der gemeine Werth nach dem Börsenkurs vom Tage des Anfalls unter Hinzurechnung der laufenden Zinsen bis zu diesem Tage, soweit deren Betrag nicht etwa nach Börsengebrauch im Kurs Ausdruck findet. A. B. Ziffer 1.

Bei Werthpapieren, die nicht an einer öffentlichen Börse notirt werden, ist der Werth gemäß § 14 zu ermitteln.

Fremde Währungen sind — bei Werthpapieren insoweit nicht nach Börsengebrauch eine andere Umrechnung stattfindet — nach dem Tageskurs vom Tage des Anfalls umzurechnen. A. B. Ziffer 1.

Die A. B. Ziffer 1 überlassen es dem Direktor der Zölle und indirekten Steuern, zu bestimmen, welche Börse im einzelnen maßgebend ist.

6. Wie im Uebrigen der gemeine Werth zu ermitteln ist, ist in den §§ 10 bis einschließlich 15 bestimmt.

§ 10.

Bei immerwährenden Nutzungen oder Leistungen wird das 25fache des einjährigen Betrags, bei Nutzungen oder Leistungen von unbestimmter Dauer, sofern nicht die Vorschriften der §§ 11, 12 Anwendung finden oder anderweite, die längste Dauer begrenzende Umstände nachgewiesen werden, das 12½fache des einjährigen Betrags als Kapitalwerth angenommen.

1. Die in dem Paragraphen angenommene Berechnungsweise, welcher anstatt des nach dem bisherigen Recht angenommenen Zinsfußes zu 5 vom Hundert ein solcher zu 4 vom Hundert zu Grunde gelegt ist, entspricht dem § 9 C.-P.-O. (B. S. 20).

2. Diese Berechnungsweise findet auch bei den von der Masse in Abzug zu bringenden Lasten Anwendung. (B. S. 20.) Vergl. auch Bem. 2 zu § 11.

3. Der einjährige Betrag einer Nutzung oder Leistung ist nach Maßgabe der §§ 13 und 14 zu ermitteln. Daß bei Grundstücken ein unter regelmäßigen Verhältnissen zu Stande gekommener Pacht- oder Mieth-

vertrag als Grundlage der Feststellung des einjährigen Betrags dienen kann, ergibt sich aus den Ausführungen in Bem. 4 zu § 9.

4. Zu den immerwährenden Nutzungen und Leistungen gehören beispielsweise die Erbrenten. Beim Tode des Rentengläubigers ist daher das 25fache des einjährigen Betrags der Rente der Erbschaftssteuer zu unterziehen, während beim Tode des Rentenschuldners der gleiche Betrag von der Masse abzuziehen ist.

5. Ferner ist hier zu erwähnen der im Elsaß häufig vorkommende Erbpacht. Ueber dessen rechtliche Natur vergl. Bem. 1e zu § 5. Darnach ist der Erbbestandnehmer als der Eigenthümer der Liegenschaft und bei seinem Tode diese als zu seinem Nachlaß gehörend zu betrachten. Behufs Berechnung der Steuer ist zunächst der gemeine Werth der Liegenschaft ohne Rücksicht auf die darauf haftende Leistung gemäß § 14 zu ermitteln. Von diesem Werthe ist sodann der 25fache Betrag der einjährigen Leistung in Abzug zu bringen. Der verbleibende Rest ist der Steuer zu unterziehen.

Beim Tode des Erbbestandgebers bildet die demselben geschuldete Leistung einen Bestandtheil seines Nachlasses. Es ist daher der 25fache Betrag der einjährigen Leistung unter die Aktivmasse aufzunehmen.

6. Bei Nutzungen oder Leistungen von unbestimmter Dauer ist nach der Vorschrift des Paragraphen in der Regel das 12½fache des einjährigen Betrages als Kapitalwerth anzunehmen. Diese Regel greift nicht Platz, wenn

a) die §§ 11 und 12 Anwendung finden, oder
b) anderweite die längste Dauer begrenzende Umstände nachgewiesen werden.

Zu a) Die §§ 11 und 12 finden Anwendung, wenn die Nutzungen oder Leistungen von unbestimmter Dauer außerdem noch von der Lebenszeit einer oder mehrerer Personen abhängen. Ein Beispiel einer solchen Nutzung ist das Vermächtniß einer Nutznießung für die Dauer des Wittwenstandes. Hier ist die Dauer einmal insofern unbestimmt, als es ungewiß ist, ob und wie lange die Wittwe unverheirathet bleiben wird, außerdem aber hängt die Nutznießung noch von der Lebensdauer der Wittwe ab. Es ist daher der Werth des Vermächtnisses nach § 11 zu berechnen und es kann hiebei je nach dem Alter, das die Bedachte am Todestag des Erblassers erreicht hatte, der in Anwendung zu bringende Satz das 12½fache übersteigen, oder hinter demselben zurückbleiben.

Zu b) Die zweite Ausnahme von der im Paragraphen aufgestellten Regel betrifft den Fall, daß anderweite, die längste Dauer begrenzende Umstände nachgewiesen werden. Die Befugniß, solche Umstände nachzuweisen, steht nicht bloß dem Steuerpflichtigen, sondern, da das Gesetz eine Einschränkung nicht enthält, auch der Steuerbehörde zu. Wird ein solcher Nachweis erbracht, so ist bei Berechnung des Werthes auf die längste Dauer der Nutzung oder Leistung Rücksicht zu nehmen; es kann also auch in diesem Falle der in Anwendung zu bringende Satz das 12½fache übersteigen, oder hinter demselben zurückbleiben.

Hat beispielsweise der Erblasser einer Anstalt eine Rente vermacht, die sie zu beziehen hat, bis ihr Grundkapital eine bestimmte Höhe erreicht haben wird, so liegt ein Vermächtniß einer Leistung von unbestimmter Dauer vor, dessen Werth zunächst auf das 12½fache des einjährigen Betrags der Rente anzunehmen wäre. Kann aber die Verwaltung der bedachten Anstalt durch ihre Bücher und Bilanzen, oder sonst in glaubhafter Weise den Nachweis erbringen, daß das Grundkapital jährlich um einen bestimmten Betrag zunimmt und deßhalb in einer bestimmten Anzahl von Jahren die von dem Erblasser bezeichnete Höhe erreicht haben wird (und daß demgemäß die Berechnung des Werthes nach dem 12½fachen als zu hoch erscheint), so ist der Kapitalwerth der Rente unter Zugrundelegung der bestimmten Anzahl von Jahren nach Maßgabe der im § 12 bezeichneten Hülfstabelle zu berechnen.

In gleicher Weise ist zu verfahren, wenn die Steuerbehörde nachweisen kann, daß eine auf unbestimmte Dauer zugewandte Nutzung oder Leistung nach einer bestimmten Reihe von Jahren erlischt und mit Rücksicht auf diese nachgewiesene Dauer der Satz von 12½ zu niedrig erscheint.

7. Die nach Maßgabe des Paragraphen vorgenommene Feststellung des Kapitalwerthes ist eine endgültige. Es tritt daher, wenn aus irgend einem Grunde die Nutzung oder Leistung vor Ablauf von 25 beziehungsweise 12½ Jahren erlischt, eine Rückerstattung nicht ein; ebensowenig findet bei längerer Dauer eine Nacherhebung statt. Vergl. Bem. 6 zu § 11.

§ 11.

Der Kapitalwerth von Leibrenten und anderen auf die Lebenszeit einer Person beschränkten Nutzungen oder Leistungen bestimmt sich nach dem zur Zeit des Anfalls erreichten Lebensalter derjenigen Person, mit deren Tode die Nutzung oder Leistung erlischt, und wird bei einem Lebensalter derselben

von 15 Jahren oder weniger	auf das 18 fache,
über 15 Jahre bis zu 25 Jahren	„ „ 17 „ ,
„ 25 „ „ „ 35 „	„ „ 16 „ ,
„ 35 „ „ „ 45 „	„ „ 14 „ ,
„ 45 „ „ „ 55 „	„ „ 12 „ ,
„ 55 „ „ „ 65 „	„ „ 8½ „ ,
„ 65 „ „ „ 75 „	„ „ 5 „ ,
„ 75 „ „ „ 80 . „	„ „ 3 „ ,
„ 80 auf das	2 „

des Werths der einjährigen Nutzung beziehungsweise Leistung angenommen.

Ist die Dauer der Nutzungen oder Leistungen von der Lebenszeit mehrerer Personen dergestalt abhängig, daß beim Tode der zuerst verstorbenen Person die Nutzung oder Leistung erlischt, so ist für die Werthsermittelung das Lebensalter der ältesten Person maßgebend. Dauert dagegen die Nutzung oder Leistung bis zum Tode der letztversterbenden Person fort, so hat die Berechnung nach dem Lebensalter der jüngsten Person zu erfolgen.

1. Die Vorschrift des Paragraphen enthält eine wesentliche Neuerung gegenüber dem bisherigen Rechte. Während dieses die lebenslängliche Nutznießung und andere auf die Lebenszeit einer Person beschränkte Nutzungen oder Leistungen gleichmäßig ohne Rücksicht auf das Alter des Nutzungsberechtigten nach dem Zehnfachen der Jahresnutzung bemaß, legt der Paragraph nach den im Lebensversicherungswesen gemachten Erfahrungen über die muthmaßliche Lebensdauer des Menschen eine mit dem Lebensalter fallende Scala zu Grunde. (B. S. 20.)

2. Diese Berechnungsweise findet auch bei den von der Masse in Abzug zu bringenden Lasten Anwendung. Hatte z. B. der Erblasser durch einen Vertrag unter Lebenden einem Dritten eine lebenslängliche Rente bestellt, die der Erbe fortzugewähren hat, so ist dieser befugt, bei Versteuerung des Nachlasses den Kapitalwerth dieser Rente von der steuerpflichtigen Masse in Abzug zu bringen. Dieser Kapitalwerth berechnet sich unter Berücksichtigung des Alters, das der Rentengläubiger am Todestage des Erblassers erreicht hatte, nach Maßgabe der Vorschriften des Paragraphen.

Ein anderes Beispiel, bezüglich des Abzugs des Werthes einer lebenslänglichen Nutznießung von dem Werthe des Eigenthums, siehe Bem. 1 zu § 18.

3. Ueber die Art und Weise der Feststellung des einjährigen Betrags einer Nutzung oder Leistung vergl. Bem. 3 zu § 10.

4. Die Vorschrift der im § 12 bezeichneten Hülfstabelle, nach welcher Pfennigbeträge sowohl der Rente als des Nutzungswerthes für 1 Mark zu rechnen sind, findet auf den § 11 keine Anwendung.

5. Es begründet für die Anwendung des Paragraphen keinen Unterschied, ob die Nutzungen oder Leistungen auf die Lebenszeit des Bedachten, oder einer dritten Person beschränkt sind. In dem letzteren Falle ist für die Werthsberechnung das Alter des Dritten maßgebend. Wenn also A dem B eine Rente vermacht hat, die dieser so lange beziehen soll, als C am Leben ist, so berechnet sich der Werth der Rente nach Maßgabe des Alters, das C am Todestage des Erblassers erreicht hatte.

6. Die nach Maßgabe des Paragraphen vorgenommene Feststellung des Kapitalwerths ist endgültig. Es tritt, wenn die Nutzung oder Leistung früher erlischt, als bei der Berechnung angenommen wurde, eine Rückerstattung nicht ein. (B. S. 20.) Ebenso findet bei längerer Dauer eine Nacherhebung nicht statt. Vergl. Bem. 7 zu § 10.

§ 12.

Bei Nutzungen oder Leistungen auf bestimmte Zeit ist der Kapitalwerth unter Zugrundelegung des einjährigen Werthbetrages und Berücksichtigung eines 4%igen Zwischenzinses nach der beiliegenden Hülfstabelle zu ermitteln. Ist jedoch die Dauer der Nutzung oder Leistung noch außerdem durch die

Lebenszeit einer oder mehrerer Personen bedingt, so darf der sich nach § 11 berechnende Kapitalwerth nicht überschritten werden. *)

1. Dem in § 9 ausgesprochenen Grundsatz, wonach sich die Erbschaftssteuer nach dem gemeinen Werthe der Masse am Tage des Anfalls bemißt, entspricht es, daß der Werth von Nutzungen und Leistungen, welche eine bestimmte Zahl von Jahren hindurch dauern, nicht einfach durch Multiplikation des Jahreswerthes mit der Zahl der Jahre ermittelt, sondern daß dabei auf den durch den Zwischenzins bedingten Minderwerth zur Zeit des Anfalles Rücksicht genommen wird. Zur Erleichterung der Werthberechnung dient die beigegebene Hülfstabelle, welcher eine Verzinsung zu 4 vom Hundert zu Grunde gelegt ist. (B. S. 20.)

2. Bezüglich der Lasten vergl. Bem. 2 zu § 10.

3. Ueber die Art und Weise der Berechnung des einjährigen Betrags einer Nutzung oder Leistung vergl. Bem. 3 zu § 10.

4. Selbstverständlich darf bei Feststellung des Werths einer Nutzung oder Leistung auf bestimmte Zeit der Werth nicht überschritten werden, der sich ergeben würde, wenn es sich um eine gleiche immerwährende Nutzung oder Leistung handelte. Es ist dies auch in der Hülfstabelle dadurch zum Ausdruck gebracht, daß der Werth einer Rente oder Nutzung von 1 Mark auf 84 „und mehr" Jahre auf 25 Mark, also gleich dem Werth einer immerwährenden Rente von 1 Mark festgesetzt ist.

5. Ergeben sich bei Bestimmung der Zeit, für welche die Nutzung oder Leistung gewährt ist, Bruchtheile eines Jahres, so sind diese für ein volles Jahr zu rechnen, da die Hülfstabelle nur nach vollen Jahren berechnet ist.

6. Auf die in der Bemerkungsspalte der Tabelle enthaltene Vorschrift, daß Pfennigbeträge der Rente oder des Nutzungswerthes für 1 Mark gerechnet werden, ist besonders hinzuweisen. Auf den Kapitalwerth bezieht sich diese Vorschrift nicht. Soll also beispielsweise der Kapitalwerth einer auf 4 Jahre zu gewährenden Rente oder Nutzung im Betrage von 96 Pfennig bestimmt werden, so ist letzterer Betrag auf 1 Mark abzurunden. Der Kapitalwerth beträgt nach der Hülfstabelle 3,77,5 Mark. Dieser Betrag darf nicht auf 4 Mark abgerundet werden.

7. Als Beispiel einer Nutzung oder Leistung auf bestimmte Zeit, die außerdem noch durch die Lebenszeit einer Person bedingt ist, kann das Vermächtniß einer Rente bis zur erlangten Volljährigkeit angeführt werden.

8. Daß die Vorschrift des Paragraphen auch in Fällen Anwendung finden kann, in welchen es sich um Nutzungen und Leistungen von scheinbar unbestimmter Dauer handelt, in denen aber anderweite die längste Dauer begrenzende Umstände nachgewiesen werden können, ergibt sich aus § 10 und der Bem. 6b zu diesem Paragraphen.

9. Die Hülfstabelle ist nach der Vorschrift des Paragraphen allein maßgebend, und zwar sowohl für die Steuerbehörde, als für den Steuerpflichtigen. Eine anderweite Art der Berechnung ist gesetzlich nicht zulässig.

---

*) Die Tabelle befindet sich unmittelbar hinter § 38.

10. Bezüglich der Unzulässigkeit der Rückerstattung der einmal bezahlten Steuer, im Falle die Nutzung oder Leistung früher erlischt, als bei der Berechnung nach Maßgabe der damals obwaltenden Verhältnisse angenommen wurde, vergl. die Bem. 6 zu § 11.

§ 13.

Der einjährige Betrag der Nutzung eines Geldkapitals ist, wenn er nicht anderweitig feststeht, zu 4 vom Hundert anzunehmen.

1. Die Annahme eines Zinsfußes zu 4 vom Hundert entspricht dem bei § 10 angenommenen Grundsatz. (B. S. 20.)
2. Dieser Zinsfuß ist indessen nur dann der Berechnung zu Grunde zu legen, wenn nicht ein anderweitiger Zinsfuß feststeht. Kann der Steuerpflichtige nachweisen, daß der einjährige Betrag eines zur Masse gehörigen Geldkapitals niedriger ist, so ist dieser niedrigere Zinsfuß anzuwenden. Weist die Steuerbehörde das Bestehen eines höheren Zinsfußes nach, so kommt dieser zur Anwendung.
3. Bezüglich der Lasten vergl. die Bem. 2 zu § 10.

§ 14.

In allen übrigen Beziehungen ist der Werth eines Massegegenstandes oder einer Nutzung oder Leistung oder einer von der Masse in Abzug zu bringenden Last, sofern er nicht feststeht, schätzungsweise zu ermitteln.

1. Der Paragraph findet Anwendung auf alle Fälle, für welche nicht in den §§ 9—13 besondere Vorschriften für die Ermittelung des Werthes gegeben sind. In allen diesen Fällen findet, sofern der Werth nicht feststeht, eine Schätzung durch den Steuerpflichtigen statt; so beispielsweise bezüglich des gemeinen Werthes und des Ertrages von Liegenschaften und Möbeln u. s. w.
2. Daß die Vorschrift sich auch auf die von der Masse in Abzug zu bringenden Lasten bezieht, ist im Paragraphen ausdrücklich ausgesprochen.
3. Ueber die Nachprüfung der Schätzungen vergl. § 30.

§ 15.

Unsichere Forderungen und andere zur sofortigen Werthsermittelung nicht geeignete Gegenstände kommen mit einem muthmaßlichen Werthe in Rechnung, welchen der Steuerpflichtige in Vorschlag bringt. Findet eine Einigung nicht statt, so kann die Steuerbehörde von dem vorgeschlagenen

Werthe die Steuer einziehen und die Berichtigung des Werthansatzes, sowie die entsprechende Nachforderung oder Erstattung der Steuer bis zum Ausgang derjenigen Verhandlungen vorbehalten, von welchen die Bezahlung der Forderung beziehungsweise die Werthsermittelung abhängt.

Sind bei Berechnung der Steuer ungewisse oder noch unbekannte Ansprüche der Masse oder an die Masse außer Berücksichtigung geblieben, so wird, wenn dieselben später zur Verwirklichung gelangen, die zu wenig gezahlte Steuer nacherhoben beziehungsweise das Zuvielbezahlte zurückerstattet.

1. Nach dem bisherigen Rechte, wie sich dasselbe bei dem Mangel ausdrücklicher Bestimmungen des Gesetzes durch die Rechtsprechung gestaltet hatte, waren unsichere Forderungen nach ihrem Werthe zu schätzen, vorbehaltlich der Nachforderung, falls sich die Schätzung als ungenügend erwiesen hatte. Eine Rückerstattung, wenn dieselbe zu hoch war, fand dagegen entsprechend dem Grundsatz des Art. 60 des Ges. v. 22 Frim. VII nicht statt. (B. S. 21.)

Eine solche Schätzung schreibt auch der Paragraph vor, und zwar nicht bloß bezüglich der unsicheren Forderungen, sondern auch bezüglich sonstiger zur sofortigen Werthsermittelung nicht geeigneter Gegenstände.

2. Daß die Forderungen unsicher sind, beziehungsweise daß hinsichtlich gewisser Gegenstände die Werthsermittelung nicht sofort stattfinden kann, hat der Steuerpflichtige glaubhaft zu machen.

3. Die Schätzung findet in der Weise statt, daß der Steuerpflichtige einen muthmaßlichen Werth in Vorschlag bringt.

Hält die Steuerbehörde diesen Werth für angemessen, oder findet zwischen ihr und dem Steuerpflichtigen eine Einigung dahin statt, daß der Werth auf einen sachgemäßen höheren Betrag festgestellt wird, so erfolgt die Besteuerung sofort in endgültiger Weise. Vergl. B. K. S. 6. Die so vorgenommene Werthfestsetzung ist als ein Vergleich zu betrachten, an welchen die Steuerbehörde sowohl als der Steuerpflichtige gebunden sind. Es kann deßhalb, falls sich später ergeben sollte, daß der Werth höher oder niedriger ist, als bei der Festsetzung desselben angenommen wurde, weder eine Nachzahlung, noch eine Rückerstattung beansprucht werden.

Dies Verfahren empfiehlt sich namentlich bei geringfügigen Beträgen, mit welchen die Nothwendigkeit einer längeren Ueberwachung nicht im Einklang stünde. In wichtigeren Fällen wird, namentlich wenn Zweifel bestehen, von der Festsetzung des Werthes auf dem Vergleichswege abzusehen und nach Maßgabe der folgenden Bemerkungen zu verfahren sein.

Findet eine Einigung nicht statt, so kann die Besteuerung einstweilen auf Grundlage des von dem Steuerpflichtigen vorgeschlagenen Werthes vorgenommen werden, indem die Berichtigung bis zu dem Ausgang derjenigen Verhandlungen vorbehalten bleibt, von welchen die Bezahlung der Forderung beziehungsweise die Werthsermittelung abhängt; beispielsweise bis zum Ausgang eines gegen den Schuldner der unsicheren Forderung eingeleiteten Zwangsvollstreckungs- oder eines über dessen Vermögen eröffneten Konkursverfahrens oder bis zum Ausgang eines über bestrittene Rechte anhängigen Prozesses. Ergibt sich beim Ausgang dieser Verhandlungen, daß der Werth höher oder niedriger ist, als bei der vorläufigen Besteuerung angenommen wurde, so findet eine Nacherhebung, beziehungsweise Rückerstattung statt. Bezüglich der Verjährung des Anspruchs auf Nachzahlung beziehungsweise Rückerstattung vergl. § 33 Z. 4 u. 6.

4. Liegt es in der Hand des Steuerpflichtigen, die Verhandlungen, von denen die Bezahlung der Forderung, beziehungsweise die Werthsermittelung abhängt, zu betreiben und ist er darin lässig, so kann die Verwaltung in der Regel auf Grund des Art. 1166 B.-G.-B. die Betreibung selbst übernehmen.

5. Die Vorschrift des Abs. 1 findet auch dann entsprechende Anwendung, wenn der Steuerpflichtige die Forderung oder den Gegengenstand als werthlos bezeichnet. In diesem Falle kommt, wenn eine Einigung nicht herbeizuführen ist, vorerst eine Steuer nicht zur Erhebung und es bleibt die Berichtigung des Werthansatzes sowie die entsprechende Nacherhebung der Steuer vorbehalten. Vergl. Bem. 6 zu § 3.

6. Abs. 2 handelt von ungewissen oder noch unbekannten Ansprüchen und zwar sowohl von solchen, welche die Masse zu vergrößern, als von solchen, welche dieselbe zu verringern geeignet sind. (Zu denjenigen Ansprüchen, welche die Masse zu vergrößern geeignet sind, gehören die nach dem früheren Recht als „biens rentrés dans l'hérédité“ bezeichneten Werthe.)

Sind ungewisse Ansprüche der Masse vorhanden, so können dieselben vorläufig außer Berücksichtigung bleiben, bis feststeht, ob und bis zu welchem Betrage sie verwirklicht werden. Der Steuerpflichtige hat indessen die Ungewißheit glaubhaft zu machen. Bezüglich der Verjährung vergl. § 33 Z. 4.

Handelt es sich um ungewisse Ansprüche, die gegen die Masse geltend gemacht werden können, so werden dieselben vorläufig nicht von der Masse abgezogen. Weist der Steuerpflichtige später nach, daß die Ansprüche ganz oder theilweise mit Erfolg geltend gemacht worden sind, so wird ihm das zu viel Bezahlte zurückerstattet. Ein solcher Anspruch liegt beispielsweise vor, wenn der Erblasser Bürgschaft geleistet hat und am Todestag, beziehungsweise bei Abgabe der Erbschaftserklärung noch nicht feststeht, ob der Hauptschuldner wird Zahlung leisten können oder nicht, ob also die Bürgschaft in Anspruch genommen wird oder nicht. Bezüglich der Verjährung vergl. § 33 Z. 6.

Hinsichtlich der unbekannten Ansprüche der Masse wird, um Hinterziehungen zu verhüten, mit besonderer Vorsicht zu verfahren sein. Ergibt sich nach Abgabe der Erbschaftserklärung, daß ein der Masse zustehender Anspruch ausgelassen ist, so muß vorerst angenommen werden, daß eine nach § 34 zu beurtheilende Hinterziehung vorliegt. Erst dann, wenn der Steuerpflichtige den Nachweis erbringt, daß ihm der Anspruch in der That unbekannt war, erfolgt die nachträgliche Besteuerung gegen die einfache Gebühr und ohne daß ein Strafverfahren einzuleiten wäre. Bezüglich der Verjährung vergl. § 33 Z. 4.

Nach entsprechendem Grundsatze ist zu verfahren, wenn der Steuerpflichtige nach Abgabe der Erbschaftserklärung den nachträglichen Abzug eines unbekannt gewesenen Anspruchs an die Masse verlangt. Auch in diesem Falle hat er den Nachweis zu erbringen, daß ihm der Anspruch zur Zeit der Abgabe der Erbschaftserklärung unbekannt war und nur dann, wenn dieser Nachweis als genügend erachtet werden kann, ist die Rückerstattung zu bewilligen. Vergl. Bem. B. 2 zu § 32. (Daß diese Rückerstattung hier, wie in allen anderen Fällen nur durch die Direktivbehörde angeordnet werden kann, bedarf keiner besonderen Hervorhebung). Bezüglich der Verjährung vergl. § 33 Z. 6.

7. In Bem. 3 zu § 9 ist erwähnt, daß und weßhalb der Paragraph bezüglich des Zeitpunktes, der für die Bereicherung in Betracht kommt, nur eine scheinbare Ausnahme von der in § 9 aufgestellten Regel enthält.

8. Für die etwaige Nachzahlung, die sich nach Maßgabe der Vorschriften des Paragraphen ergeben kann, darf die Steuerbehörde keine Sicherstellung verlangen. Der Entwurf hatte eine solche Befugniß vorgesehen, diese Bestimmung wurde aber bei der Kommissionsberathung gestrichen. B. K. S. 7. Vergl. auch die Allgem. Bem. zu §§ 16 und 17.

§ 16.

Vermögen, dessen Erwerb von dem Eintritte einer aufschiebenden Bedingung abhängt oder auf einen Anfangstermin, dessen Eintritt nicht bestimmt ist, hinausgerückt ist, unterliegt der Besteuerung erst bei dem Eintritt der Bedingung oder des Anfangstermins. Die Steuerbehörde kann jedoch Sicherstellung der alsdann zu entrichtenden Steuer fordern.

Unter einer auflösenden Bedingung oder mit einem Endtermin, dessen Eintritt nicht bestimmt ist, erworbenes Vermögen ist — soweit nicht die §§ 10—12 Platz greifen — wie unbedingt erworbenes Vermögen zu versteuern. Beim Eintritte der Bedingung oder des Endtermins wird jedoch die bezahlte Steuer bis auf den der etwaigen wirklichen Bereicherung entsprechenden Betrag zurückerstattet.

§ 17.

Lasten, welche den Werth der steuerpflichtigen Masse vermindern, werden, wenn sie von einer aufschiebenden Bedingung abhängen oder auf einen unbestimmt eintretenden Anfangstermin hinausgerückt sind, vorerst nicht berücksichtigt. Bei dem Eintritte der Bedingung oder des Termins kann jedoch das Zuvielgezahlte von der Steuerbehörde zurückgefordert werden.

Lasten, deren Fortdauer von einer auflösenden Bedingung oder einem unbestimmt eintretenden Endtermin abhängig ist

— mit Ausnahme der Leistungen oder Nutzungen von unbestimmter Dauer, deren abzuziehender Werth sich nach den Bestimmungen der §§ 10—12 berechnet —, werden wie unbedingte in Abzug gebracht. Bei dem Eintritt der Bedingung oder des Endtermins ist jedoch derjenige Steuerbetrag nachzuerheben, welcher mehr zu entrichten gewesen sein würde, wenn der Zeitpunkt des Eintrittes der Bedingung bei der Berechnung der Steuer bekannt gewesen wäre. Die Steuerbehörde kann Sicherstellung dieses Anspruchs fordern.

A. Allgemeine Bemerkungen.

Die beiden Paragraphen handeln von dem Einfluß der Bedingung auf die Erhebung der Erbschaftssteuer. Der Bedingung steht der Termin, dessen Eintritt unbestimmt ist, gleich, beispielsweise bei einem Vermächtniß, welches vom Tag der Verheirathung des Bedachten ab, oder bis zum Tag der Verheirathung gezahlt werden soll. In § 16 wird der Fall behandelt, daß der Erwerb eines Anfalles von der Bedingung abhängig ist, in § 17 der entgegengesetzte Fall, in welchem ein bestimmter Erwerb unter einer Bedingung geschmälert wird. Beide Fälle werden nach gleichen Gesichtspunkten geregelt.

Die aufschiebende wie die auflösende Bedingung bleibt zunächst unberücksichtigt. Tritt die Bedingung ein, so wird nachträglich die Erbschaftssteuer anderweitig berechnet; das zu wenig Gezahlte ist nachzuentrichten, das zu viel Gezahlte wird erstattet. Bei der nachträglichen anderweiten Berechnung der Steuer ist auf die Wirkung, welche der Termin etwa geäußert hat (bei der reinen Bedingung wird dies wegen der rückwirkenden Kraft nicht der Fall sein können), Rücksicht zu nehmen. B. S. 21.

Für die etwaige Nachentrichtung kann Sicherstellung verlangt werden.

Des Zusammenhanges wegen sei hier an dieser Stelle erörtert, in welcher Weise die Frage der Sicherheitsbestellung überhaupt in dem Gesetze geregelt ist. Die Fälle, in welchen die Steuerbehörde eine solche Sicherstellung zu verlangen befugt ist, sind in den §§ 16 Abs. 1, 17 Abs. 2 und 24 bezeichnet; in anderen Fällen kann dieselbe nicht beansprucht werden. Ueber die Personen, welche zur Leistung derselben verpflichtet sind und die Vermögensmassen, aus denen sie zu bestellen ist, spricht sich das Gesetz nicht aus. In dem Falle des § 17 Abs. 2 werden hieraus keine Schwierigkeiten entstehen. Der Erwerber des steuerpflichtigen Anfalls, zu dessen Gunsten eine von einer auflösenden Bedingung oder einem unbestimmt eintretenden Endtermin abhängende Last wie eine unbedingte in Abzug gebracht wird, ist auch der Schuldner der später wegen des Eintrittes der Bedingung oder des Termins etwa nachzuerhebenden Steuer. Es kann deßhalb keinem Bedenken unterliegen, denselben persönlich mit dem zu dem Anfall gehörigen oder seinem sonstigen Vermögen zur Sicherheitsleistung heranzuziehen. Ebenso wird der Direktor der Zölle und indirekten Steuern im Falle des § 24 demjenigen persönlich die Bestellung einer geeigneten Sicherstellung auferlegen können, welcher die Verlängerung der Frist zur Abgabe der Erbschaftserklärung beantragt. (Vergl. auch Bem. 2 zu § 24 am Ende.) Anders aber liegt die Sache im Falle des § 16 Abs. 1. Hier handelt es sich um die Besteuerung eines Anfalls, der noch von einer aufschiebenden Bedingung oder einem Anfangstermin, dessen Eintrit nicht bestimmt ist, abhängt. In der Begründung zu § 20 (früher 21) S. 23 war darauf hingewiesen, daß in einem solchen Falle die Sicherheit nicht wohl von demjenigen verlangt werden könne, dessen Erbrecht von einer Bedingung der bezeichneten Art abhänge und der noch nichts aus der Erbschaft erhalten habe, und daß es mit Rücksicht hierauf nothwendig erscheine, die Haftbarkeit der ganzen steuerpflichtigen Masse für die Erbschaftssteuer auszusprechen. Der Entwurf enthielt eine entsprechende Bestimmung, diese wurde aber bei der Kommissionsberathung mit Rücksicht darauf, daß diese Haftbarkeit nur geringe praktische Bedeutung habe und zu Unklarheiten führen würde, gestrichen. B. K. S. 8. Es könnte demnach zweifelhaft erscheinen, wer in diesem Falle zur Leistung der Sicherstellung angehalten werden kann. Eine Haftung der Masse besteht nicht; die Verwaltung kann daher nicht beanspruchen, daß die Sicherheitsbestellung aus dieser Masse geleistet werden muß. Da ihr aber in dem Gesetz die Befugniß eingeräumt ist, Sicherstellung für eine Steuer zu verlangen, die erst künftig geschuldet sein wird, so muß sie auch befugt sein, die Sicherstellung von demjenigen persönlich zu beanspruchen, der als der künftige Schuldner dieser Steuer erscheint.

In allen Fällen, in welchen die Sicherheitsleistung gesetzlich zulässig erscheint, kann sie auch gegen den Willen der Steuerpflichtigen auf dem Rechtsweg erzwungen werden.

Die Art und Weise, wie die Sicherheit zu bestellen ist, hat das Gesetz ebenfalls nicht geregelt: es kommen daher die Vorschriften des gemeinen Rechts zur Anwendung. Darnach kommen in Betracht, die Stellung einer ausreichenden persönlichen Bürgschaft, die Verpfändung von Liegenschaften, die Beschlagnahme von beweglichen und unbeweglichen Gegenständen die Bestellung eines Faustpfandes an beweglichen Gegenständen. Die Uebergabe beweglicher Gegenstände ohne förmliche Faustpfandbestellung (Art. 2073 ff. B. G.-B.) würde allein nicht genügen, da nach § 40 und 41 K. O. Dritten gegenüber nur ein Faustpfand wirksam ist.

Erscheint eine Sicherstellung geboten, so sind die Betheiligten zu der Erklärung aufzufordern, in welcher Weise sie dieselbe zu leisten beabsichtigen. Der Direktor der Zölle und indirekten Steuern entscheidet, ob die angebotene Sicherheit genügend ist oder nicht. A. B. Ziff. 6.

Ist für eine Steuer Sicherheit gestellt, so ruht gemäß § 33 letzter Absatz die Verjährung so lange und so weit die Sicherheit bestellt ist. Bei Festsetzung der Höhe der letzteren muß hierauf Rücksicht genommen werden. Vergl. Bem. 5 zu § 33.

Schließlich ist noch hervorzuheben, daß die Sicherstellung sowohl von In- als Ausländern verlangt werden kann. Ein bei der Kommissionsberathung gestellter Antrag, dieselbe auf Ausländer zu beschränken, wurde abgelehnt. Bei dieser Gelegenheit hat die Regierung indessen zu den §§ 16 und 17 die Erklärung abgegeben, daß von der Bestimmung der Paragraphen nur Gebrauch gemacht werde, wenn es unbedingt nothwendig erscheine. B. K. S. 7.

B. Besondere Bemerkungen.

Zu § 16.

1. Ist eine lebenslängliche Rente oder eine andere auf die Lebenszeit beschränkte Nutzung oder Leistung zwei oder mehreren Personen in der Weise zugewendet, daß sie dieselbe nicht gemeinsam, sondern nach einander zu beziehen haben, so hat nur der erste Bezugsberechtigte die Steuer für seinen Anfall sofort zu entrichten; der Anfall der folgenden Berechtigten ist von einer aufschiebenden Bedingung abhängig und nach Maßgabe des § 16 zu behandeln. Die Frist zur Abgabe der Erbschaftserklärungen läuft auch für die späteren Bezugsberechtigten immer von dem Todestag des ursprünglichen Erblassers an. Vergl. Bem. 2 zu § 24. Der Tarifsatz richtet sich für jeden Berechtigten nach dem Verwandtschaftsgrade, in welchem er mit dem ursprünglichen Erblasser verwandt war. Im Uebrigen vergl. Bem. 3 zu § 9 und die unten folgende Bem. 4.

(Ueber den Fall, daß die Rente u. s. w. zwei oder mehreren Personen gemeinsam in der Weise vermacht ist, daß sie bis zum Tode der zuerst oder der zuletzt versterbenden Person fortdauert, vergl. § 11, Abs. 2.)

2. Vermächtnisse und Schenkungen an Gemeinden, Kirchen und öffentliche Anstalten hängen von der aufschiebenden Bedingung ab, daß die erforderliche Ermächtigung zur Annahme ertheilt wird. Es ist deßhalb die Besteuerung wie nach dem bisherigen Rechte bis zur Ertheilung dieser Ermächtigung auszusetzen. Doch kann jetzt, was früher nicht zulässig war, für die Zahlung der Steuer Sicherheit verlangt werden.

3. Ist, so lange die aufschiebende Bedingung schwebt, die Zahlung der Steuer aus Irrthum erfolgt, so kann die Zurückerstattung derselben verlangt werden.

4. Tritt die aufschiebende Bedingung ein, so hat sie gemäß Art. 1179 B. G.-B. rückwirkende Kraft bis auf den Todestag des Erblassers. Es ist also beim Eintritt der Bedingung der Erwerb so anzusehen, als ob er von Anfang an unbedingt gewesen und dem Bedachten am Todestage zugefallen wäre. Daher kommt bei Beurtheilung der Höhe der dem Erwerber zu Theil werdenden Bereicherung der Todestag des Erblassers in Betracht.

Anders ist es, wie oben in den allgemeinen Bemerkungen hervorgehoben ist, bezüglich des Anfangstermines, dessen Eintritt nicht bestimmt ist. Tritt dieser ein, so ist hinsichtlich des Maßes der Bereicherung der Tag des Eintritts maßgebend. Vergl. Bem. 3 zu § 9.

5. Bezüglich der zu bestellenden Sicherheit vergl. vorstehende allgemeine Bemerkungen; bezüglich der Verjährung § 33 Ziffer 4 und, soferne Sicherheit bestellt ist, § 33 letzter Absatz.

6. Handelt es sich um den Erwerb von Vermögen unter einer auflösenden Bedingung oder mit einem Endtermin, dessen Eintritt nicht bestimmt ist, so wird — soweit nicht die §§ 10—12 Platz greifen, vergl.

hierüber die folgende Bemerkung — die Steuer zunächst so erhoben, als wenn es sich um unbedingt erworbenes Vermögen handelte. Beim Eintritt der Bedingung oder des Endtermins wird dieselbe jedoch anderweitig berechnet. Hiebei ist nicht bloß bei dem Termin, sondern in Folge der ausdrücklichen Vorschrift des Paragraphen auch bei der Bedingung zu untersuchen, ob der bisherige Besitzer des Vermögens eine Bereicherung erfahren hat. Ist dies der Fall, so wird der auf den Werth dieser Bereicherung entfallende Steuerbetrag zurückbehalten und von dem zurückzuerstattenden Betrag in Abzug gebracht. Eine solche Bereicherung liegt beispielsweise vor, wenn ein Abwesender wieder erscheint und die in den vorläufigen Besitz seines Vermögens Eingewiesenen aus diesem Vermögen Einkünfte bezogen haben und gemäß Art. 127 B. G.-B. berechtigt sind, diese Einkünfte ganz oder theilweise zurückzubehalten. Vergl. Bem. 9 zu § 1.

7. Die Vorschrift des Abs. 2 des Paragraphen findet nur Anwendung, soweit nicht die §§ 10—12 Platz greifen, d. h. soweit es sich nicht um unter einer auflösenden Bedingung oder mit einem Endtermin, dessen Eintritt nicht bestimmt ist, erworbene Nutzungen oder Leistungen handelt. Der Werth solchergestalt erworbener Nutzungen und Leistungen wird nach Maßgabe der angezogenen Paragraphen sofort endgültig besteuert und es findet beim Eintritt der Bedingung oder des Endtermins eine Rückerstattung der Steuer oder eines Theiles derselben nicht statt, und zwar namentlich auch dann nicht, wenn die Dauer der Nutzungen und Leistungen thatsächlich kürzer war, als bei der Berechnung der Steuer nach Maßgabe der bezeichneten gesetzlichen Vorschriften angenommen wurde. Vergl. Bem. 7 zu § 10; 6 zu § 11; 10 zu § 12.

8. Nach den in dem Paragraphen aufgestellten Grundsätzen ist nicht bloß dann zu verfahren, wenn der Anfall selbst in der in dem Paragraphen angegebenen Weise von einer Bedingung oder einem Termine abhängig ist, sondern auch dann, wenn zu dem Nachlasse ein Gegenstand gehört, welchen der Erblasser unter einer solchen Bedingung oder Terminbestimmung erworben hatte, welche bei seinem Tode noch nicht eingetreten waren. Hatte der Erblasser beispielsweise ein Haus unter einer aufschiebenden Bedingung erworben, die bei seinem Todestag (beziehungsweise dem Tage der Abgabe der Erbschaftserklärung) noch schwebte, so ist der Erbe berechtigt, dieses Haus einstweilen aus der Masse auszuscheiden und die Besteuerung desselben bis zum Eintritt der Bedingung auszusetzen.

9. Der Termin, dessen Eintritt bestimmt ist, z. B. ein Vermächtniß, zahlbar von einem bestimmten Jahre ab, oder bis zu einem bestimmten Jahre, regelt sich nach den in den §§ 12 und 18 gegebenen Bestimmungen. (B. S. 21.)

Zu § 17.

1. Die im Abs. 1 bezeichneten Lasten dürfen vorerst nicht von der Masse in Abzug gebracht werden. Bei dem Eintritt der Bedingung oder des Termins aber kann der Steuerpflichtige den auf diese Lasten entfallenden Betrag der durch ihn bezahlten Steuer zurückfordern.

Beispiel: Der Erblasser hat seiner Dienstmagd für den Fall, daß sie sich innerhalb 3 Jahren von seinem Todestag an verheirathen sollte, ein Vermächtniß einer Summe von 500 M. zugewendet. Der Erbe ist nicht berechtigt, dieses von einer aufschiebenden Bedingung abhängende Vermächtniß von der steuerpflichtigen Masse abzuziehen. Tritt aber die Bedingung ein und ist derselbe somit verpflichtet, das Vermächtniß auszuzahlen, so kann er die Steuer, welche er für die 500 M. bezahlt hat, zurückverlangen.

Bezüglich der Verjährung eines solchen Rückerstattungsanspruchs vergl. § 33 Ziffer 6.

2. Die in Abs. 2 bezeichneten Lasten, mit Ausnahme der Leistungen und Nutzungen von unbestimmter Dauer werden wie unbedingte von der Masse in Abzug gebracht, unter dem Vorbehalt, daß beim Eintritt der Bedingung oder des Endtermins die Nacherhebung nach Maßgabe der Vorschrift des Paragraphen erfolgt. Wie in einem solchen Falle die Berechnung vorzunehmen ist, zeigt folgendes

Beispiel.

Der Erblasser, dessen Nachlaß sich nach Abzug der Schulden auf einen Kapitalwerth von 10 000 M. beläuft, hat seinen Bruder als Erbvermächtnißnehmer eingesetzt und seiner Wittwe die Summe von 1000 M. vermacht, die sie aber in dem Falle ihrer Wiederverheirathung wieder an den Erbvermächtnißnehmer ohne Zins zurückbezahlen muß. Bei der Besteuerung ist in folgender Weise zu verfahren.

Der Nachlaß beträgt	M. 10 000
Der Erbvermächtnißnehmer ist gemäß § 17 Abs. 2 befugt, das der Wittwe zugewandte Vermächtniß abzuziehen	M. 1 000
er hat also zu versteuern	M. 9 000
Die Steuer hierfür beträgt nach § 2 6½ vom Hundert = .	M. 585
Die Wittwe hat die Steuer für das ihr zugewendete Vermächtniß gemäß § 16 Abs. 2 ebenfalls sofort zu entrichten. Diese beträgt gemäß § 2 3 vom Hundert = ...	M. 30

Nach Ablauf von 3 Jahren verheirathet sich die Wittwe wieder; es tritt also die auflösende Bedingung ein und es muß in Folge dessen der Betrag von 1000 M. wieder an den Erbvermächtnißnehmer zurückbezahlt werden. Nun findet eine anderweitige Berechnung der Steuer statt, und zwar in folgender Weise.

Der Erbvermächtnißnehmer hat gemäß § 17 Abs. 2 denjenigen Steuerbetrag nachzuentrichten, welcher von der in Abzug gebrachten Last bei der ursprünglichen Besteuerung zu entrichten gewesen sein würde, wenn es damals schon bekannt gewesen wäre, daß die auflösende Bedingung nach Ablauf von 3 Jahren eintreten werde; er hat also zu versteuern	M. 1000,—
nach Abzug des Werths der Nutzung dieser Summe, welche die Wittwe 3 Jahre lang bezogen hat. Dieser Werth berechnet sich in folgender Weise. Der einjährige Betrag der Nutzung steht nicht fest, derselbe ist gemäß § 13 zu 4 vom Hundert, also zu 40 M. anzunehmen. Der Kapitalwerth der dreijährigen Nutzung beträgt daher nach der dem § 12 beigegebenen Hülfstabelle	„ 115,44
Nach Abzug verbleiben	M. 884,56

Von dieser Summe, die gemäß § 19 auf 900 ℳ abzurunden ist, hat der Erbvermächtnißnehmer die Steuer zu 6½ vom Hundert zu zahlen = 58,50 ℳ

Die Wittwe hat gemäß § 16 Abs. 2 die für das Vermächtniß bezahlte Steuer bis auf den der Bereicherung entsprechenden Betrag zurückzufordern. Sie hat bezahlt . . . . ℳ 30,—
Der oben berechnete Kapitalwerth der dreijährigen Nutzung des Vermächtnisses bildet den Gegenstand ihrer Bereicherung.
Die Steuer hierfür beträgt 3 vom Hundert von 115,44 ℳ oder abgerundet 120 ℳ = ... „ 3,60

Nach Abzug hat sie also zurückzufordern . . . . ℳ 26,40

Daß die Steuerbehörde nicht befugt ist, ihre Schuld an die Wittwe gegen die Forderung des Erbvermächtnißnehmers aufzurechnen, ergibt sich aus Bem. 5 zu § 20.

Bezüglich der Sicherstellung, welche für die Nachzahlung verlangt werden kann, vergl. vorstehende allgemeine Bemerkungen, bezüglich der Verjährung dieser Nachforderung § 33 Ziffer 4 u. § 33 letzter Absatz, bezüglich der Verjährung des Rückerstattungsanspruchs § 33 Ziffer 6.

3. Handelt es sich um Leistungen oder Nutzungen von unbestimmter Dauer, welche als Lasten in Abzug zu bringen sind, so ist deren Werth gemäß der §§ 10—12 zu berechnen. Diese Berechnung ist endgültig und es kann eine Nacherhebung nicht mehr Platz greifen. Vergl. Bem. 7 zu § 16 und die dort angegebenen weiteren Bemerkungen.

4. Nach den im Paragraphen aufgestellten Grundsätzen ist nicht bloß dann zu verfahren, wenn es sich um Lasten handelt, welche der Erblasser auferlegt hat, sondern auch dann, wenn Lasten in Frage stehen, welche schon zu Lebzeiten des Erblassers auf seinem Vermögen ruhten.

§ 18.

Vermögen, dessen Nutznießung einem Dritten zusteht, wird um den nach Vorschrift der §§ 10 ff. berechneten Werth der Nutzung geringer angeschlagen.

1. Dieser Paragraph enthält eine wesentliche Neuerung. Nach dem bisherigen Rechte hatte bei getrenntem Erwerb von nacktem Eigenthum und Nutznießung an derselben Sache durch verschiedene Personen der Nutznießer die Steuer für die Nutznießung und zugleich der Erwerber des nackten Eigenthums diejenige für das volle Eigenthum ohne jeden Abzug zu entrichten. Hierin lag eine schwere Belastung, indem der Erwerber des nackten Eigenthums etwas zu versteuern hatte, was er persönlich vielleicht nie, jedenfalls erst in späterer Zeit erwarb. Diese Härte ist nunmehr durch die Vorschrift des Paragraphen beseitigt, welche gestattet, daß der nach Vorschrift der §§ 10 ff. zu berechnende Werth der Nutznießung, für welche der Nutznießer die Steuer zu entrichten hat, von dem Werthe des Eigenthums in Abzug zu bringen ist.

Beispiel:

Der Nachlaß, welcher dem A zum Eigenthum und dem B zur lebenslänglichen Nutznießung vermacht ist, besteht aus einem Wohnhaus.

Der Werth des vollen Eigenthums desselben wird zu 20000 ℳ festgestellt. Behufs Berechnung des Werthes der Nutznießung ist zunächst gemäß § 14 der einjährige Betrag der Nutzung des Hauses zu schätzen. Dieser wird zu 600 ℳ festgestellt. Der Nutznießer hatte am Todestag des Erblassers das Alter von 30 Jahren erreicht. Der Kapitalwerth der Nutznießung beträgt daher gemäß § 11 16×600 = . 9600 ℳ
Dieser Werth ist von dem Werthe des vollen Eigenthums abzuziehen. Dieser beläuft sich nach oben auf . . . . . 20000 „

Folglich ist der Werth des nackten Eigenthums . . . . . 10400 ℳ

Letzteren Betrag hat A zu versteuern, während B die Steuer für 9600 ℳ zu entrichten hat. Hiermit ist die Besteuerung endgültig vollzogen.

Stirbt der Erwerber des nackten Eigenthums vor Beendigung der Nutznießung, so hat dessen Erbe den Anfall dieses Eigenthums zu versteuern. Hierbei ist von dem Werthe des vollen Eigenthums derjenige der Nutznießung nach Maßgabe des Alters des Nutzungsberechtigten zur Zeit des neuen Ueberganges (§ 11) in Abzug zu bringen. (B. S. 22). Wenn demnach in dem vorstehend als Beispiel angenommenen Fall A 10 Jahre nach dem ursprünglichen Erblasser stirbt, so hat die Nutznießung (vorausgesetzt, daß der Betrag der einjährigen Nutzung auch jetzt noch sich auf 600 ℳ beläuft), da der Nutznießer jetzt 40 Jahre alt ist, gemäß § 11 einen Kapitalwerth von 600×14 = 8400 ℳ Dieser Betrag ist von dem Werthe abzuziehen, den das volle Eigenthum des Hauses am Todestag des A hatte.

Ist die Nutznießung zwei oder mehreren Personen in der Weise zugewendet, daß sie dieselbe nicht gemeinsam, sondern nur für den Fall des Ueberlebens nacheinander zu genießen haben, so ist nur der Werth der dem ersten Berechtigten zufallenden Nutznießung in Abzug zu bringen, die Rechte der Uebrigen hängen von einer aufschiebenden Bedingung ab, es findet deßhalb die Vorschrift des § 17 Abs. 1 auf dieselben Anwendung. (Vergl. die Bem. 1 zu § 16 und 1 zu § 17). Treten die Bedingungen später ein, so ist der Erwerber des Eigenthums berechtigt, den Werth der den folgenden Bedachten zufallenden Nutznießung nachträglich abzuziehen, beziehungsweise das, was er zu viel bezahlt hat, zurückzuverlangen. Vergl. die Bem. 1 zu § 17. Bezüglich der Verjährung eines solchen Rückerstattungsanspruches vergl. § 33 Ziff 6.

2. Die Fassung des Paragraphen ist ganz allgemein; es heißt „Vermögen, dessen Nutznießung einem Dritten zusteht". Die in demselben für die Besteuerung des Eigenthums aufgestellten Grundsätze finden daher nicht bloß dann Anwendung, wenn die Trennung von Eigenthum und Nutznießung durch den Erblasser angeordnet wurde und mit dessen Tod eintrat, sondern auch dann, wenn diese Trennung schon vorher auf Grund anderweiter Bestimmungen bestand.

Beispiel.

A und B haben gemeinsam ein Haus gekauft, und zwar dergestalt, daß A das Eigenthum, B die lebenslängliche Nutznießung erworben hat. A stirbt. Seinem Erben steht das Recht zu, den Werth, den die Nutznießung des B am Todestage des A hat, von dem Werth des Eigenthums in Abzug zu bringen. (Daß in diesem Falle B für sein Nutznießungsrecht eine Erbschaftssteuer nicht zu entrichten hat, ist selbstverständlich, da er dieses Recht durch den Kaufvertrag und nicht durch Erbschaft erworben hat.)

3. Ob die Nutznießung den ganzen Nachlaß umgreift, oder nur einen Theil desselben; ob sie auf unbestimmte, auf Lebens- oder auf bestimmte Zeit bestellt ist, begründet für die Anwendung des Paragraphen keinen Unterschied.

§ 19.

Die Berechnung der Erbschaftssteuer erfolgt nach Abstufungen des Werthbetrags von zwanzig zu zwanzig Mark in der Weise, daß die nicht durch zwanzig ohne Bruch theilbaren Werthsummen mit dem nächst höheren durch zwanzig ohne Bruch theilbaren Betrag in Ansatz kommen.

1. Dem in § 20 Abs. 1 ausgesprochenen Grundsatz, daß die Erbschaftssteuer den Erwerber des steuerpflichtigen Anfalls trifft, würde es entsprochen haben, daß dieselbe nach dem ganzen Antheil jedes einzelnen Erwerbes besonders zu berechnen wäre. Der Entwurf enthielt auch eine entsprechende Vorschrift. Diese ist aber in der Kommissionsberathung gestrichen worden. B. K. S. 7. Es ist deßhalb, wie dies bisher üblich war, die Erbschaftssteuer für mehrere Erben, welche nach Maßgabe ihres Verwandtschaftsgrades die gleiche Gebühr zu entrichten haben, zusammen zu berechnen.

Im Uebrigen entspricht die Vorschrift des Paragraphen dem bisherigen Rechte, § 2 der Verordnung vom 5. März 1875.

2. Die zum Nachlaß gehörenden beweglichen und unbeweglichen Werthe sind in eine einzige Masse zu vereinigen. Das bisher hie und da noch beobachtete Verfahren, die liegenschaftliche und die bewegliche Masse getrennt aufzustellen, hatte schon, nachdem Art. 10 des Gesetzes vom 18. Mai 1850 die Verschiedenheit der Gebührensätze für bewegliche und unbewegliche Werthe beseitigt hatte, keine rechtliche Grundlage mehr. Dasselbe kann eine zweimalige Abrundung der Werthbeträge und somit eine gewisse im Gesetz nicht begründete Steuererhöhung zur Folge haben und ist daher unzulässig.

3. Beispiele der Gebührenberechnung.

A. Der Erblasser, welcher in Elsaß-Lothringen seinen Wohnsitz hatte und von seinen Kindern beerbt wird, hat nach der Erbschaftserklärung folgendes Vermögen hinterlassen:

Aktiv.

a) Körperliche bewegliche Gegenstände zu	ℳ	879,50
b) unkörperliche bewegliche Gegenstände zu	„	3920,50
c) Liegenschaften und zwar:		
in Elsaß-Lothringen zu	„	23 200,—
in Preußen zu	„	2 000,—
Zusammen	ℳ	30 000,—

Schulden.

An solchen sind vorhanden laut verschiedener Schuldscheine unter Privatunterschrift und Rechnungen . . . . ℳ 6 000,—

Der steuerpflichtige Aktivbestand beträgt, da die in Preußen befindlichen Liegenschaften steuerfrei sind, ... ℳ 28 000.—

Hiervon sind die Schulden gemäß § 8 verhältnißmäßig abzuziehen. Die steuerpflichtige Aktivmasse beläuft sich auf $^{14}/_{15}$ der Gesammtmasse, folglich kommen von den Schulden ebenfalls $^{14}/_{15}$ = ... „ 5 600,—

in Abzug, es bleibt also als steuerpflichtige Masse der Betrag von . . . . ℳ 22 400,—

Hiervon beträgt die Steuer gemäß § 2 1% = 224 ℳ

B. Der Erblasser, welcher in Elsaß-Lothringen seinen Wohnsitz hatte, hinterließ als Erben seine 3 Kinder. Seiner Wittwe, welche an seinem Todestage 48 Jahre alt war, hat er durch ein Testament die lebenslängliche und unentgeltliche Nutznießung an der Hälfte seines Nachlasses vermacht. Zwischen den Ehegatten hatte die Errungenschaftsgemeinschaft bestanden. Nach der Erbschaftserklärung setzt sich die Masse in folgender Weise zusammen.

I. Gütergemeinschaft.

Aktiv.

a) Inländische Liegenschaften zu einem Kapitalwerthe von	ℳ 30 000,—
b) im Inland befindliche körperliche bewegliche Gegenstände im Werthe von	„ 4 000,—
c) baares Geld	„ 2 000,—
d) unkörperliche bewegliche Gegenstände zu	„ 4 000,—
Zusammen	ℳ 40 000,—

Schulden und Ansprüche.

a) Die Ersatzforderungen der Wittwe	ℳ 4 000,—
b) diejenigen des Erblassers	„ 4 000,—
c) Schulden laut verschiedener Privaturkunden	„ 2 000.—
Zusammen	ℳ 10 000,—
Nach Abzug vom Aktivbestand mit	„ 40 000,—
bleibt reine Errungenschaft	ℳ 30 000,—
Hiervon erhält jeder Ehegatte die Hälfte mit	„ 15 000,—

II. Nachlaß des Erblassers.

Aktiv.

a) Die Hälfte der Errungenschaft	ℳ 15 000,—
b) die Ersatzforderung	„ 4 000,—
c) persönliche inländische Liegenschaften zu einem Werthe von	„ 10 000,—
d) Kleider und Schmuckgegenstände zu	„ 2 000,—
Zusammen	„ 31 000,—

Schulden sind nicht vorhanden.

Die Gebühr ist in folgender Weise zu berechnen.

Das baare Geld dient zur Deckung der Schulden. Die Wittwe bespricht für ihren Ersatzanspruch die körperlichen beweglichen Gegenstände. (Art. 1471 B. G.-B.) Der Erblasser erhält

a) zur Deckung seiner Ersatzforderung die unkörperlichen beweglichen Gegenstände . . . . ℳ 4 000,–

b) für seinen Antheil an der Gütergemeinschaft die Hälfte der Liegenschaften zu . . . . „ 15 000,–

Dazu kommen die persönlichen Liegenschaften zu . . „ 10 000,–

und die Kleider und Schmuckgegenstände zu . . . . . „ 2 000,–

Zusammen . . . . . ℳ 31 000,–

Der Werth der Nutznießung an der Hälfte dieses Nachlasses berechnet sich in folgender Weise:

a) Der einjährige Betrag der Nutzung der Hälfte der unkörperlichen Gegenstände ist nach der Erbschaftserklärung 4% . . . . ℳ 80,–

b) der einjährige Betrag der Nutzung an der Hälfte der Liegenschaften gemäß einer Schätzung der Steuerpflichtigen . . . . „ 375,–

c) der einjährige Betrag der Nutzung an der Hälfte der Kleider und Schmuckgegenstände gleichfalls nach einer Schätzung . . . . „ 40,–

Zusammen . . . . . ℳ 495,–

Der Kapitalwerth der Nutznießung beträgt also, da die Wittwe am Tage des Anfalles 48 Jahre alt war, gemäß § 11 = 12×495 = ... ℳ 5 940,–

Nach Abzug dieses Werthes vom Werthe des vollen Eigenthums verbleibt . . . . ℳ 25 060,–

Gemäß § 2 sind an Steuern zu entrichten:

Durch die Wittwe 3% von ℳ 5 940,– . . . . ℳ 178,20

Durch die Erben 1% von ℳ 25 060,– . . . . „ 250,60

C. Der Erblasser war Franzose und hatte seinen Wohnsitz in Frankreich. Erbe ist sein Bruder, welcher in Elsaß-Lothringen seinen Wohnsitz hat und die deutsche Staatsangehörigkeit besitzt. Die lebenslängliche und unentgeltliche Nutznießung am ganzen Nachlasse ist der Wittwe des Erblassers, welche zur Zeit seines Todes 36 Jahre alt war, testamentarisch zugewendet.

Zum Nachlasse gehören:

a) ein Haus in Straßburg, zu einem Werthe von . . . ℳ 20 000,–

b) eine elsaß-lothringische Staatsrente von 30 ℳ zu einem Kurswerthe von . . . . „ 985,–

rückständige Rente . . . . „ 15,–

c) 3 Aktien einer elsaß-lothringischen Gesellschaft zu einem Kurswerth von 500 ℳ . . . . „ 1 500,–

d) eine Forderung, für welche elsaß-lothringische Liegenschaften verpfändet sind . . . . „ 4 000,–

e) der für das oben aufgeführte Haus geschuldete Miethzins, der am Todestag rückständig war mit . . . . . „ 500,–

Zusammen . . . . . ℳ 27 000,–

Schulden dürfen im Hinblick auf § 8 Abs. 3 nicht in Abzug gebracht werden.

Bei der Berechnung der durch die Wittwe geschuldeten Steuer ist die Forderung auf den rückständigen Miethzins außer Betracht zu lassen, da diese gemäß § 6 Abs. 2, erster Satz, steuerfrei ist. Das Haus ist steuerpflichtig gemäß § 5; die übrigen unkörperlichen beweglichen Gegenstände sind ebenfalls steuerpflichtig gemäß § 6 Abs. 2 letzter Satz, weil in Frankreich die Gegenseitigkeit nicht verbürgt ist, und die Wittwe eine deutsche Staatsangehörigkeit nicht besitzt.

Die Steuer berechnet sich in folgender Weise:

Der einjährige Betrag der Nutzung des Hauses wird durch Schätzung auf . . . . festgesetzt.	ℳ 1 000,–
Der einjährige Betrag der Nutzung der Rente steht fest zu	„ 30,–
der der rückständigen Rente wird zu 4% angenommen	„ –,60
Bezüglich der Aktien ist eine Nutzung von jährlich 20 ℳ für das Stück nachgewiesen, also	„ 60,–
und die Hypothekarforderung trägt ausweislich des Schuldtitels 2¼%	„ 90,–
Zusammen	ℳ 1 180,60

Der Kapitalwerth der Nutznießung beläuft sich nach § 11 auf das 14fache dieser Summe . . . . ℳ 16 528,40

Dieser Betrag ist gemäß § 19 auf 16 540 ℳ abzurunden und gemäß § 2 mit 3% zu besteuern = ... ℳ 496,20

Der Erbe hat nur das Haus zu versteuern. Die Miethzinsforderung ist aus demselben Grunde, wie oben angegeben, steuerfrei. Die übrigen unkörperlichen beweglichen Gegenstände unterliegen der Steuer trotz der mangelnden Gegenseitigkeit gemäß § 6 Abs. 2 deßhalb nicht, weil der Erbe eine deutsche Staatsangehörigkeit besitzt.

Die Steuer ist auf folgende Weise zu berechnen:

Da Schulden von der Masse nicht in Abzug kommen, so ist das 20fache des jährlichen Ertrags des Hauses als Werth desselben anzunehmen. (§ 9). Dieser Ertrag beläuft sich nach oben auf	ℳ 1 000,–
Der Werth berechnet sich daher auf	„ 20 000,–
Hievon ist der Werth der der Wittwe zustehenden Nutznießung in Abzug zu bringen. Dieser beträgt das 14fache des einjährigen Betrags der Nutzung, also	„ 14 000,–
Als Werth des Eigenthums des Hauses verbleibt also	ℳ 6 000,–

Hiervon beträgt die Steuer gemäß § 2 6½% = ℳ 390,–.

III. Abschnitt.

Verpflichtung zur Entrichtung der Erbschaftssteuer.

§ 20.

Die Erbschaftssteuer trifft den Erwerber des steuerpflichtigen Anfalls.

Erben und Miterben sowie Erb- und Erbtheils-Vermächtnißbeziehungsweise Schenknehmer sind persönlich und sammtverbindlich, jedoch nur bis zum Betrage des aus der Erbschaft Empfangenen, für die von allen den Nachlaß betreffenden Anfällen zu entrichtende Steuer verpflichtet.

1. Der Paragraph enthält zunächst Bestimmungen über die Frage, wen die Erbschaftssteuer trifft. Darnach erscheint als Schuldner der Steuer der Erwerber des steuerpflichtigen Anfalls; es schuldet also die Steuer hinsichtlich der Erbschaft der Erbe, hinsichtlich des Vermächtnisses der Vermächtnißnehmer, hinsichtlich der Schenkung der Schenknehmer. Diese Bestimmungen beziehen sich sowohl auf das Verhältniß der Steuerpflichtigen zur Staatskasse als auf das Verhältniß der Steuerpflichtigen unter einander. Soweit das letztere Verhältniß in Frage steht, können dieselben durch den Erblasser oder die Betheiligten selbst abgeändert werden; der Erblasser kann beispielsweise bestimmen, daß der Erbe auch die Steuern für sämmtliche Vermächtnisse aus seinen eigenen Mitteln zu bezahlen hat. Das Verhältniß der Steuerpflichtigen zu der Staatskasse wird aber durch derartige Bestimmungen nicht berührt. Letztere kann trotzdem die Steuer von denjenigen Personen einziehen, welchen sie nach dem Paragraphen zu Last fällt. (In diesem Sinne hat der Verwaltungsgerichtshof zu München in einer Entscheidung vom 8. Januar 1885 erkannt, die bei Luthart, Blätter für administrative Praxis, Band 36, S. 244 veröffentlicht ist.) Vergl. Bem. 15 zu § 3.

2. Zur größeren Sicherheit der Forderung der Staatskasse stellt der Paragraph, indem er sich im Wesentlichen an das bisherige Recht anschließt, eine persönliche sammtverbindliche Haftbarkeit verschiedener Betheiligten auf.

Diese Haftbarkeit bezieht sich nur auf die in dem Paragraphen ausdrücklich genannten Personen. Sie trifft demnach Erben und Miterben sowie Erb- und Erbtheilsvermächtnißnehmer und Erb- und Erbtheilsschenknehmer. Weiter darf die Bestimmung nicht ausgedehnt werden. Es haften demnach die Erbstücksvermächtnißnehmer und Erbstücksschenknehmer nur für die von ihren Anfällen geschuldeten Steuern, nicht aber für die übrigen. Vergl. auch B. K. S. 9 zu dem (früheren) § 27. Zu den Erbstücksvermächtnißnehmern, bezw. Erbstücksschenknehmern ist auch der Nutznießer zu rechnen und zwar selbst dann, wenn sich sein Nutznießungsrecht auf den ganzen Nachlaß oder einen sovielsten Theil desselben erstreckt. Dies ist zwar bestritten, allein die vorstehende Auffassung ist die vorherrschende. Zu vergl. Zachariä-Dreyer franz.

Civilrecht Bd. 4 S. 420 Anm. 13 und das dort angezogene Urtheil des Reichsgerichts, welches in den Entscheidungen dieses Gerichts in Civilsachen Bd. 11 S. 305 veröffentlicht ist.

Die in dem Paragraphen genannten Personen haften persönlich. Die Forderung der Staatskasse kann daher nicht bloß in die in ihren Händen befindlichen Massegegenstände, sondern auch in deren persönliches Vermögen vollstreckt werden, jedoch mit der unten bezeichneten Einschränkung.

Die Haftbarkeit ist außerdem eine sammtverbindliche, d. h. es kann die Steuerbehörde jeden der Betheiligten für die ganze Schuld — immer jedoch wieder unter der eben erwähnten Einschränkung — in Anspruch nehmen.

Die in dem Paragraphen genannten Personen haften für die von allen den Nachlaß betreffenden Anfällen zu entrichtende Steuer, also auch für die Steuern, welche den Erbstücksvermächtnißnehmer und den Erbstücksschenknehmer treffen.

Hinsichtlich der Ausdehnung der Haftbarkeit enthält der Paragraph eine dem bisherigen Recht unbekannte Einschränkung. Die in demselben bezeichneten Betheiligten haften nur bis zum Betrag des aus der Erbschaft Empfangenen. Dadurch wird die Möglichkeit ausgeschlossen, daß Jemand, dem nur ein kleiner Antheil an der Masse zugekommen ist, für die Ansprüche an die übrigen Erben über dasjenige hinaus haftbar gemacht werden könnte, was er überhaupt aus der Erbschaft erhalten hat. (B. S. 23). Es begründet indessen keinen Unterschied, ob sich die Massegegenstände noch in dem Eigenthum der haftbaren Personen befinden oder nicht. Nur die Höhe der aus der Erbschaft herrührenden Bereicherung kommt in Betracht. Bis zu dieser Höhe kann die Forderung in das persönliche Vermögen der Haftbaren vollstreckt werden.

Das aus der Erbschaft Empfangene ist für den Umfang der Verpflichtung maßgebend. Es ist daher nicht bloß die steuerpflichtige, sondern auch die gemäß §§ 5—7 steuerfreie Masse bei der Berechnung zu berücksichtigen.

3. Hat ein Erbe seine Erbrechte verkauft, so bleibt die Verpflichtung zur Bezahlung der Erbschaftssteuer trotzdem bestehen. Ob neben dem verkaufenden Erben auch noch der Käufer der Erbrechte für die Steuer in Anspruch genommen werden kann, hängt davon ab, ob er in dem Kaufvertrage eine Verpflichtung zur Zahlung der Steuer übernommen hat oder nicht. Kann die Steuerbehörde die Uebernahme einer solchen Verpflichtung nachweisen, so kann sie in Gemäßheit des Art. 1166 B. G.-B. als Gläubigerin des Erben den Käufer auf Bezahlung der Steuer belangen. Ueber die Art und Weise, wie in einem solchen Falle vorzugehen ist, vergl. die Bem. A. 2 zu § 32.

4. Die in dem Paragraphen aufgestellte Haftbarkeit der in demselben bezeichneten Personen geht in demselben Umfang, wie sie diesen oblag, auch auf deren Erben über. Letztere haften jedoch nicht sammtverbindlich, sondern nur im Verhältniß ihrer Erbantheile (Art. 870 B. G.-B.).

5. Ergibt sich nach der Bezahlung der Erbschaftssteuern die Nothwendigkeit, an einen der Betheiligten einen Theil der erhobenen Steuer zurückzuerstatten, während ein anderer der Betheiligten eine Nachzahlung zu leisten hat, so kann die Steuerbehörde, soweit nach

den im Paragraphen aufgestellten Grundsätzen eine sammtverbindliche und persönliche Haftbarkeit unter den Betheiligten besteht, gemäß Art. 1289 ff. B. G.-B. die beiden Forderungen gegen einander aufrechnen. Zum Nachtheil solcher Betheiligten aber, welche der bezeichneten Haftbarkeit nicht unterliegen, findet eine Aufrechnung nicht statt. Vergl. Bem. 2 zu § 17.

6. Bezüglich der Haftbarkeit der in dem Paragraphen genannten Personen für die Strafen vergl. Bem. 5 zu § 34.

§ 21.

Gesetzliche Vertreter der Erben, Schenk- und Vermächtnißnehmer, Bevollmächtigte derselben, Nachlaßverwalter und Testamentsvollstrecker haften persönlich für die Steuer, wenn sie vor Entrichtung oder Sicherstellung derselben die Erbschaft oder Theile derselben ausantworten und die Beitreibung von den Zahlungspflichtigen nicht erfolgen kann. Auf Nachforderungen erstreckt sich diese Haftbarkeit nicht.

1. Das bisherige Recht kannte eine persönliche Haftung Dritter für die Erbschaftssteuer nicht. Die Bestimmung des Paragraphen erscheint namentlich für den Fall von Bedeutung, daß die Erben im Ausland wohnen. (B. S. 23 und B. K. S. 8.)

2. Zu den gesetzlichen Vertretern sind beispielsweise zu rechnen: der Vater eines minderjährigen nicht emancipirten Kindes, der Vormund eines Minderjährigen, der Vormund eines Entmündigten, der Vorstand einer Gemeinde, einer öffentlichen Anstalt. Auch der Ehemann wird in der Regel als der gesetzliche Vertreter seiner Ehefrau im Sinne des Paragraphen zu betrachten sein. Derselbe ist, wenn nicht in dem Ehevertrag etwas Anderes ausbedungen ist, der Verwalter des Vermögens seiner Frau. Vergl. Zachariä—Dreyer franzöf. Civilr. Bd. 3, S. 245.

Der Pfleger (Curator) eines emancipirten Minderjährigen ist nicht dessen gesetzlicher Vertreter; er vertritt denselben nie, sondern hat ihm nur in gewissen Fällen Beistand zu leisten. Vergl. Zachariä-Dreyer franz. Civilrecht Bd. 1. S. 345. Text und Anm. *) sowie S. 342. Anm. **). Ebensowenig findet die Vorschrift des Paragraphen Anwendung auf den Beistand, welchen der Ehemann für den Fall seines Todes der Ehefrau ernennen kann, und den Beistand, welcher einem nicht entmündigten Geistesschwachen oder Gemüthskranken oder einem Verschwender ernannt wird.

Bevollmächtigter im Sinne des Paragraphen ist nicht schon derjenige, welcher mit Abgabe der Erbschaftserklärung betraut ist, sondern nur der, welcher die Masse selbst in Händen hat. (B. K. S. 8.)

3. Das preußische Erbschaftssteuergesetz stellt bezüglich der Nachlaßverwalter die gleiche Verpflichtung auf, wie sie obiger Paragraph vorsieht. In einem Rechtsstreite hatte der preußische Steuerfiskus die Auffassung vertreten, daß der Nutznießer als Nachlaßverwalter zu betrachten sei. Diese Auffassung hat das Reichsgericht in dem in Bem. 2 zu § 20 erwähnten Urtheil zurückgewiesen, indem es ausführte,

daß die Bezeichnung „Nachlaßverwalter" in ihrer technisch-juristischen Bedeutung aufzufassen ist. Von diesem Grundsatz ist auch bei Anwendung des obigen Paragraphen auszugehen.

4. Die in dem Paragraphen Genannten erscheinen nicht von vornherein als Schuldner der Erbschaftssteuer, und zwar auch dann nicht, wenn sich die Erbschaft oder Theile derselben in ihrem Besitze befinden. Sie sind nur in zweiter Linie die Schuldner, nämlich dann, wenn die Voraussetzungen, welche der Paragraph zur Begründung der Haftbarkeit aufstellt, gegeben sind. Diese Voraussetzungen sind:

A. Daß die bezeichneten Personen die Erbschaft oder Theile derselben ausantworten, ehe die Steuer entrichtet oder sichergestellt ist;

B. Daß die Beitreibung von den Zahlungspflichtigen nicht erfolgen kann.

Zu A:

a) Die in dem Paragraphen Genannten können sich nicht durch die Einrede von der Haftbarkeit befreien, daß sie von der bestehenden Steuerschuld, oder der mangelnden Sicherstellung derselben keine Kenntniß gehabt haben. Die Thatsache der Ausantwortung genügt, um die Haftbarkeit zu begründen, den Nachweis des bösen Glaubens hat die Steuerbehörde nicht zu erbringen. Selbst wenn unzweifelhaft feststeht, daß sie im guten Glauben, aus einem durch das Verschulden der Erben hervorgerufenen Irrthum gehandelt haben, kann die Haftbarkeit in Anspruch genommen werden und es ist den Haftbaren überlassen, ihren Rückgriff an die Erben zu nehmen. B. K. S. 8. Bezüglich der Nachforderungen vergl. die unten folgende Bem. 5.

b) Die Haftbarkeit tritt nach der ausdrücklichen Vorschrift des Gesetzes nicht bloß dann ein, wenn die ganze Erbschaft, sondern schon dann, wenn Theile derselben ausgeantwortet worden sind.

c) Die in dem Paragraphen genannten Personen haften, da das Gesetz eine Einschränkung nicht enthält, in demselben Umfang, wie die Steuerpflichtigen, welche sie vertreten. Darnach kann der Verwalter eines Nachlasses für die von allen den Nachlaß betreffenden Anfällen geschuldeten Steuern in Anspruch genommen werden; der Vertreter oder Bevollmächtigte eines Erben, Erb- oder Erbtheils-Vermächtniß- oder Schenknehmers für die durch diese geschuldeten Steuern und zwar auch für diejenigen, für welche sie gemäß § 20 Abs. 2 sammtverbindlich mit den übrigen Schuldnern haften; der Vertreter oder Bevollmächtigte eines Erbstücks-Vermächtniß- oder -Schenknehmers für die durch diesen geschuldete Steuer.

Anderseits erleidet aber diese Haftbarkeit dieselbe Einschränkung, wie sie für die Erben u. s. w. nach dem Gesetz besteht. Die im § 20 Abs. 2 Genannten haften für die von allen den Nachlaß betreffenden Anfällen geschuldeten Steuern nur bis zum Betrag des aus der Erbschaft Empfangenen. Es können deshalb die in § 21 Genannten, da die Bürgschaft ihrem Wesen nach die Hauptschuld nicht übersteigen darf, ebenfalls nur bis zum Werthe desjenigen haftbar gemacht werden, was der durch sie Vertretene aus der Erbschaft empfangen hat.

d) Hat der Haftpflichtige nur einen Theil der Erbschaft ausgeantwortet, so muß zunächst der noch in seinem Besitz befindliche

Theil der Masse in Angriff genommen werden. Ist dieß nicht möglich, oder bleibt nach der Verwerthung dieses Theils der Masse noch ein Rest der Steuer ungedeckt, so ist die Haftbarkeit begründet.

Zu B:

a) Die Haftpflicht tritt nur hülfsweise ein, d. h. nur dann, wenn die Beitreibung von den Zahlungspflichtigen nicht erfolgen kann.

Die in dem Paragraphen Genannten sind demnach als gesetzliche Bürgen zu betrachten. Die Steuerbehörde muß deshalb immer zunächst eine Mahnung an den Hauptschuldner ergehen lassen und wenn diese unbeachtet bleibt und greifbares Vermögen dieses Schuldners vorhanden ist, die Zwangsvollstreckung in dieses Vermögen versuchen. Erst wenn und so weit letztere erfolglos bleibt, ist der Bürge in Anspruch zu nehmen. Derselbe haftet gemäß Art. 2016 B. G.-B. auch für die Kosten der Zwangsvollstreckung gegen den Hauptschuldner.

Wird gegen den Bürgen vorgegangen und glaubt dieser, daß die Zwangsvollstreckung gegen den Hauptschuldner nur unvollständig durchgeführt sei, so kann er verlangen, daß dieselbe nochmals aufgenommen wird. Dieses Recht ist aber an die Voraussetzung geknüpft, daß er seine Einrede sofort, nachdem er belangt worden ist, geltend macht und daß er der Steuerbehörde die im Inland gelegenen Güter des Hauptschuldners bezeichnet, aus welchen vollständige Bezahlung zu erlangen ist. Auch hat er auf Verlangen die Kosten der Zwangsvollstreckung vorzuschießen. (Zu vergl. über die Bürgschaft Zachariä—Dreyer, französ. Civilr. Bd. 2 S. 693 ff.).

b) Die Haftbarkeit des Bürgen tritt nach der Bestimmung des Paragraphen erst dann ein, wenn die Beitreibung von den Zahlungspflichtigen nicht erfolgen kann. Die Steuerbehörde kann also nicht schon dann gegen den Bürgen vorgehen, wenn von dem durch denselben Vertretenen die Zahlung nicht zu erlangen ist, sondern erst dann, wenn die Beitreibung von sämmtlichen nach § 20 sammtverbindlich Haftenden nicht erfolgen kann.

c) Gemäß Art. 2250 B. G.-B. unterbricht eine an den Hauptschuldner gerichtete Zahlungsaufforderung die Verjährung gegenüber dem Bürgen. Wird deßhalb vor Ablauf der Verjährungsfrist ein Zwangsbefehl gegen den Hauptschuldner erlassen, so ist die Verjährung dadurch auch gegen den Bürgen unterbrochen. Sind mehrere Steuerschuldner vorhanden, welche gemäß § 20 sammtverbindlich haften, so unterbricht der gegen einen derselben gerichtete Zwangsbefehl die Verjährung bezüglich aller Mitschuldner und demgemäß auch bezüglich aller Bürgen.

d) Die Haftbarkeit des Bürgen geht auf dessen Erben über.

e) Der Bürge und dessen Erben erscheinen gemäß der Bestimmung des Paragraphen als persönliche Schuldner der Steuer. Es kann deßhalb die Steuerbehörde, ohne ihren Anspruch im ordentlichen Rechtsweg geltend zu machen, sofort mittelst Zwangsbefehls gegen dieselben vorgehen. Vergl. Bem. A. 2 zu § 32.

5. Der Schlußsatz des Paragraphen lautete nach dem ursprünglichen Entwurf: „Auf Nachforderungen wegen unrichtiger Berechnung

der Steuer erstreckt sich diese Haftbarkeit nicht." Nach der B. S. 23 sollte dadurch ausgesprochen sein, daß die bezeichneten Personen von der Haftbarkeit entbunden sind, wenn die Entrichtung der Steuer erfolgt ist und nur in Folge eines Versehens der Steuerbehörde später Nachforderungen stattfinden. Dies veranlaßte bei der Kommissionsberathung die Frage, ob die bezeichneten Personen auch für Nachforderungen, z. B. in Folge eines Abschätzungsverfahrens über den Werth der Liegenschaften oder in Folge einer geringfügigen Auslassung, haften. Nachdem bemerkt worden war, daß der Schlußsatz des Paragraphen die Bedeutung einer Haftbarkeit auch für solche Fälle nicht haben solle, wurden, um jedes Mißverständniß zu vermeiden, die Worte „wegen unrichtiger Berechnung" gestrichen. Der Kommissionsbericht fügt aber bei, daß es bei dieser Fassung Sache der richtigen Auslegung des Gesetzes sein werde, zu verhüten, daß ein Bevollmächtigter durch eine fiktive Erklärung eines geringfügigen Theils der Masse sich seiner Verpflichtungen entziehe. B. K. S. 8. Hieraus folgt, daß mit der Aenderung der Fassung nicht bezweckt war, die ursprüngliche Absicht der Vorschrift im Wesentlichen zu ändern, und daß auch bei Nachforderungen die Haftbarkeit in der Regel wenigstens dann eintritt, wenn der Bevollmächtigte u. s. w. die Nachforderung durch sein Verhalten mitverschuldet hat.

6. Die in dem Paragraphen genannten Personen haften nur für die Steuer, nicht aber für die etwa durch den Steuerpflichtigen verwirkten Strafen. Vergl. Bem. 6 zu § 34.

IV. Abschnitt.

Zuständigkeit und Verfahren.

§ 22.

Die Festsetzung und Erhebung der Erbschaftssteuer erfolgt durch die Enregistrements-Einnehmereien.

Zuständig ist die Einnehmerei des Bezirks, in welchem der Erblasser seinen Wohnsitz hatte; wenn derselbe innerhalb Elsaß-Lothringens einen Wohnsitz nicht besessen hat, jede Einnehmerei, in deren Bezirk steuerpflichtiges Vermögen sich befindet.

1. Bezüglich der Feststellung und Erhebung der Steuer vergl. auch die Bem. 5 zu § 24.

2. Nach dem bisherigen Recht (Art. 27 des Gesetzes vom 22. Frim. VII) waren nur unkörperliche Rechte bei der Enregistrementseinnehmerei des Wohnsitzes zur Versteuerung zu bringen; körperliche Sachen (Liegenschaften wie Möbel) je bei dem Amt, in dessen Bezirk sie belegen waren. Entsprechend der veränderten Natur der Steuer als Bereicherungssteuer anstatt Handänderungssteuer ist nunmehr nur eine

Erklärung abzugeben, und zwar bei inländischen Erbschaften auf dem Amte des Wohnsitzes, bei fremden nach Wahl der Betheiligten auf einem der Aemter, in dessen Bezirk steuerpflichtige Massengegenstände belegen sind. Dies ist nothwendig wegen der Zulässigkeit des Abzugs von Schulden und Lasten (B. S. 23).

Befinden sich an einem Orte mehrere Enregistrementseinnehmereien, so ist zur Festsetzung und Erhebung der Erbschaftssteuer diejenige Einnehmerei zuständig, welche mit Registrirung der bürgerlichen Urkunden betraut ist. (Einnehmerei I.) A. V. Ziffer 2.

3. Bezüglich des Wohnsitzes vergl. Bem. 1 zu § 6.

§ 23.

Die Bürgermeister haben den Enregistrements-Einnehmereien vierteljährlich Verzeichnisse aller in die Standesregister eingetragenen Sterbefälle und außerdem der in sonstiger amtlichen Weise zu ihrer Kenntniß gelangten Todesfälle von Gemeindeangehörigen oder Personen, welche Vermögen in der Gemeinde besessen haben, zu übersenden.

1. Die Verpflichtung der Bürgermeister zur vierteljährlichen Einreichung von Sterbfälleverzeichnissen war schon in dem bisherigen Rechte vorgesehen (Art. 55 des Gesetzes vom 22. Frim. VII). In diese Verzeichnisse waren aber nur die Sterbefälle aufzunehmen, welche in die Standesregister eingetragen waren. Nunmehr sind auch alle die Todesfälle von Gemeindeangehörigen oder Personen, welche Vermögen in der Gemeinde besessen haben, aufzunehmen, welche in sonstiger amtlichen Weise zur Kenntniß der Bürgermeister gelangen.

Die Verzeichnisse sind je in den ersten 10 Tagen der Monate Januar, April, Juli und Oktober zu übersenden. A. V. Ziffer 3.

2. Die Zuwiderhandlung gegen die Vorschrift des Paragraphen ist nicht mit Strafe bedroht. Es können daher die säumigen Bürgermeister nur auf dem Disziplinarweg durch die vorgesetzte Verwaltungsbehörde zur Erfüllung der ihnen obliegenden Verpflichtung angehalten werden.

3. Nach der Begründung S. 24 war es in Aussicht genommen, auch anderen Behörden, Gerichten, Notaren u. s. w. eine Verpflichtung zur Anzeige von Sterbfällen, Besitzeinweisungen u. s. w. durch eine Verwaltungsvorschrift aufzuerlegen.

§ 24.

Die Erben, Schenk- und Vermächtnißnehmer, beziehungsweise die gesetzlichen Vertreter derselben, sind verpflichtet, binnen sechs Monaten nach dem Todesfall beziehungsweise nach der Erlangung des Besitzes des Vermögens Abwesender bei der zuständigen Enregistrements-Einnehmerei, im Falle der Zuständigkeit mehrerer Einnehmereien bei einer derselben, eine Erklärung über alle die Feststellung der Steuer bedingenden Verhältnisse abzugeben und gleichzeitig die von der Enregistrementseinnehmerei zu berechnende Steuer zu entrichten. Wenn das Ableben des Erblassers in Europa außerhalb Deutschlands erfolgt ist, beträgt die Frist acht Monate, wenn dasselbe außerhalb Europas erfolgt ist, ein Jahr.

Der Direktor der Zölle und indirekten Steuern kann die Frist, geeignetenfalls gegen Sicherstellung, verlängern.

§ 25.

Der Erklärung ist ein stempelfreies Verzeichniß der Masse beizufügen, welches die Vermögensbestandtheile sowie die etwa in Abzug zu bringenden Schulden und Lasten im Einzelnen aufzuführen und die erforderlichen Werthangaben und Schätzungen zu enthalten hat. Bei Erbstückvermächtnissen genügt die Angabe und Schätzung der Gegenstände derselben sowie der etwaigen Lasten in der Erklärung.

Zu § 24.

1. Die Vorschriften über die Abgabe der Erbschaftserklärung und die Zahlung der Steuer entsprechen im Wesentlichen dem bisherigen Rechte (B. S. 24).

Die Verpflichtung zur Abgabe der Erklärungen ist durch den Paragraphen den Erben, Schenk- und Vermächtnißnehmern ohne Ausnahme, also auch den Erbstücksvermächtniß- und -Schenknehmern auferlegt.

Für diejenigen Betheiligten, welche einen gesetzlichen Vertreter haben, hat dieser die Erklärung abzugeben. Außerdem sind, wie sich aus § 26 ergibt, die in § 21 weiter genannten Personen, d. h. Bevollmächtigte, Nachlaßverwalter und Testamentsvollstrecker zur Abgabe der Erbschaftserklärung berechtigt. Eine Verpflichtung hierzu, deren Verletzung eine persönliche Verantwortlichkeit dieser Personen gegenüber der Steuerbehörde nach sich zöge, ist in dem Gesetze nicht begründet. Es kann daher im Falle einer Zuwiderhandlung gegen die Vorschrift des Paragraphen die Strafe nicht gegen diese Personen, sondern nur gegen die Erben u. s. w. ausgesprochen werden. Bezüglich der Haftbarkeit für eine solche Strafe vergl. die Bem. 6 zu § 34.

Die Erbschaftserklärungen sind unter Benützung eines vom Direktor der Zölle und indirekten Steuern aufzustellenden Formulars schriftlich einzureichen oder zu Protokoll der Enregistrementseinnehmerei zu erklären. Schriftliche Erklärungen sind in der Regel von den Erben oder einem derselben persönlich zu unterzeichnen. Eine Ausnahme ist nur für den Fall gestattet, daß die sämmtlichen Erben außerhalb des deutschen Reiches wohnen. In diesem Fall dürfen die schriftlichen Erklärungen durch einen Bevollmächtigten unterzeichnet werden. Zur Abgabe der protokollarischen Erklärungen können sich die Betheiligten immer eines Bevollmächtigten bedienen. Vergl. A. B. Ziffer 4. Die Bevollmächtigten haben in allen Fällen ihren Auftrag durch eine der Enregistrementseinnehmerei zu übergebende Vollmacht nachzuweisen. Diese Vollmacht ist gemäß Art. 12 des Stempelgesetzes vom

13 Brum. VII stempelpflichtig. Sie darf daher nicht mehr auf das nach § 25 der Erbschaftserklärung beizufügende stempelfreie Masseverzeichniß geschrieben werden. Der Registrirung unterliegt sie nicht.

Von der Verpflichtung zur Abgabe einer Erklärung können sich die Betheiligten nicht durch die Behauptung befreien, daß die zum Nachlaß gehörigen Gegenstände einen Werth nicht haben, oder daß die Verlassenschaft überschuldet sei. Die Steuerbehörde ist befugt, die Richtigkeit der Werthschätzung zu prüfen und den Nachweis der Schulden zu verlangen. Hierzu muß ihr durch Abgabe der vorgeschriebenen Erklärung die Möglichkeit geboten werden.

2. Die Erklärung ist in der Regel binnen 6 Monaten nach dem Todesfall beziehungsweise der Erlangung des Besitzes des Vermögens Abwesender abzugeben. Ausnahmen bestehen nur für 2 Fälle: ist der Erblasser in Europa, aber außerhalb Deutschlands gestorben, so beträgt die Frist 8 Monate, wenn das Ableben außerhalb Europas erfolgt ist, ein Jahr.

Der Lauf der Frist beginnt mit dem Tage des Todes beziehungsweise der Erlangung des Besitzes des Vermögens Abwesender. Daß der Tod den Betheiligten bekannt war, hat die Verwaltung nicht nachzuweisen. Die Thatsache des Todes begründet den Beginn des Fristenlaufes. Dagegen muß die Verwaltung nöthigenfalls den Beweis der Abwesenheit und der Erlangung des Besitzes erbringen. B. K. S. 3. Vergl. auch Bem. 1 und 9 zu § 1.

Die bezüglich des Beginns des Fristenlaufs aufgestellte Regel greift auch Platz, wenn es sich um den Anfall von Vermögen handelt, dessen Erwerb von dem Eintritte einer aufschiebenden Bedingung abhängt, oder auf einen Anfangstermin, dessen Eintritt nicht bestimmt ist, hinausgerückt ist. (§ 16 Abs. 1). In diesen Fällen muß der Steuerbehörde durch die Abgabe der Erbschaftserklärung die Möglichkeit geboten werden, die Sicherstellung der künftig zu erhebenden Steuer in geeigneter Weise herbeizuführen. Tritt dann später das Ereignis ein, welches den endgültigen Anspruch auf die Steuer begründet, so ist eine Nachtragserklärung abzugeben und gleichzeitig mit dieser die geschuldete Steuer zu entrichten. Die Frist zur Abgabe dieser Nachtragserklärung läuft von dem Tage ab, da das bezeichnete Ereignis eintritt. Vergl. die untenfolgende Bem. 10.

Ausnahmen von der Regel für den Beginn des Fristenlaufes bestimmt das Gesetz nicht. Doch werden wohl für diejenigen besonderen Fälle solche Ausnahmen zugelassen werden müssen, in denen es den Betheiligten unbedingt unmöglich war, eine Erbschaftserklärung abzugeben. Diese Fälle sind so verschieden, daß eine allgemeine Regel sich nicht aufstellen läßt. Zunächst kommt beispielsweise der Fall in Betracht, daß der Tod des Erblassers durch einen Unglücksfall erfolgt, von welchem die Erben keine Kenntnis haben konnten und der erst nach Ablauf der Frist festgestellt wird. Ferner sind zu erwähnen die Fälle, in welchen die Betheiligten erst nach Ablauf der Frist zur Erbfolge berufen wurden oder von einem ihnen zugewendeten Vermächtniß Kenntniß erhielten. Dies ist z. B. der Fall, wenn der nächste Erbe nach Ablauf der bezeichneten Frist auf die Erbschaft verzichtet, wenn nach Ablauf dieser Frist ein Testament, eine Schenkung auf den Todesfall des Erblassers aufgefunden werden. In diesen Fällen läuft die Frist vom Tage der Feststellung des Todes beziehungsweise der Verzichtleistung, der Auffindung des Testaments oder der Schenkung. Den Beweis, daß diese Urkunden erst später aufgefunden wurden, hat der darin Bedachte zu erbringen.

Eine weitere Ausnahme muß im Falle des § 16 Abs. 2 zugelassen werden. Für die Person, an welche das Vermögen in Folge Eintritts der auflösenden Bedingung oder des Endtermines fällt, kann der Lauf der Frist erst mit dem Tage dieses Eintrittes beginnen.

Der Umstand, daß über das Erbrecht oder die Gültigkeit eines Testamentes oder einer Schenkung Streit besteht, ist auf den Beginn des Fristenlaufes ohne Einfluß. Die Betheiligten sind in der Lage, nach Maßgabe des Schlußsatzes des Paragraphen wenn nöthig eine angemessene Fristverlängerung zu beantragen und für die zu entrichtende Steuer Sicherheit zu leisten. Vergl. die allgem. Bem. zu § 16 u. 17. Versäumen sie dies, so verfällt der in dem Streit Obsiegende seinerzeit der in § 34 festgesetzten Strafe. (Daß in einem solchen Falle die Steuerbehörde die Sicherheit auch gegen den Willen der Betheiligten herbeiführen kann, ergibt sich aus den allgem. Bem. zu § 16 u. 17).

Die Bestimmungen über die Art und Weise der Berechnung der Frist sind in § 37 enthalten. Vergl. die Bem. zu diesem Paragraphen.

3. Die Erklärung ist bei der zuständigen beziehungsweise einer der zuständigen Enregistrementseinnehmereien abzugeben (§ 22 und A. B. Ziffer 2). Die Einnehmereien haben deßhalb Erklärungen, zu deren Entgegennahme sie nicht zuständig sind, zurückzuweisen. Würde eine solche Erklärung von einer unzuständigen Einnehmerei angenommen, so wäre sie als nicht abgegeben zu betrachten in dem Sinne, daß eine solche Erbschaftserklärung weder entgegengehalten werden kann, wenn der zuständige Beamte die nochmalige Abgabe einer solchen Erklärung fordert, noch geltend gemacht werden kann, um die für die Nacherhebung von Gebühren bei abgegebenen Erklärungen bestimmten kurzen Verjährungsfristen zu begründen. In diesem Sinne hat das Reichsoberhandelsgericht erkannt in einer Entscheidung vom 31. Januar 1879, Amtsbl. S. 99. Die bereits erhobenen Steuern können indessen auf die bei der zuständigen Einnehmerei abzugebende Erklärung verrechnet werden. Bezüglich der Strafe vergl. Bem. 1 zu Abs. 1 des § 34.

4. Die Erklärung bildet die Grundlage für die Berechnung der Steuer, sie hat sich deßhalb auf alle die Feststellung der Steuer bedingenden Verhältnisse zu erstrecken.

5. Gleichzeitig mit der Abgabe der Erklärung sind die geschuldeten Steuern zu entrichten. Diese Steuern sind von dem Enregistrementseinnehmer auf Grund der Erklärung zu berechnen und der Steuerpflichtige hat dieselben in dem Betrage zu bezahlen, wie sie ihm angefordert werden. Dies folgt schon aus der Fassung des Paragraphen: „. . . . die von der Enregistrementseinnehmerei zu berechnende Steuer zu entrichten", weiter aber auch aus der ausdrücklichen Bestimmung des Art. 28 des Gesetzes vom 22. Frim. VII. Dieser Artikel, welcher sich auf die Einziehung der Enregistrementsgebühren und auf die Zulässigkeit und die Form der Erhebung von Einwendungen gegen dieselbe bezieht und daher gemäß § 32 auch auf die Erbschaftssteuer Anwendung findet, bestimmt, daß Niemand die Zahlung der Steuer unter dem Vorwand, daß die Berechnung unrichtig sei oder aus irgend einem anderen Grunde verweigern darf. Dem Steuerpflichtigen, welcher den Steueransatz für nicht dem Gesetze entsprechend erachtet,

steht nur, wenn er Zahlung geleistet hat, das Recht zu, Beschwerde bei der Direktivbehörde oder Klage auf Zurückerstattung bei dem zuständigen Gerichte zu erheben. Wird die Zahlung der von dem Enregistrementseinnehmer berechneten Steuer verweigert, so ist die Erklärung zurückzuweisen und nach Ablauf der Frist gemäß § 34 das Strafverfahren gegen den Steuerpflichtigen einzuleiten.

Bietet der Steuerpflichtige die Zahlung einer Summe an, welche seiner Ansicht nach die durch ihn geschuldete Steuer darstellt, ohne gleichzeitig eine Erbschaftserklärung abzugeben, so ist dieses Anerbieten zurückzuweisen, da nach den vorstehenden Bemerkungen nur der Enregistrementseinnehmer berufen ist, die Berechnung der Steuer auf Grund der Erbschaftserklärung zu bethätigen.

Aus der vorstehenden Bemerkung 2 und der unten folgenden Bemerkung 10 ergibt sich, daß Fälle vorkommen, in denen die Steuer nicht schon bei der ersten Erbschaftserklärung, sondern erst später bei der Ergänzungserklärung zu bezahlen ist.

Bezüglich der Bezahlung der Steuer ist auch auf den Schlußsatz der Ziffer 4 der A. V. hinzuweisen. Darnach kann die Zahlung der Gebühren auf Grund der Erklärung durch Dritte ohne Nachweis der Vollmacht erfolgen. Dies bezieht sich auch auf die nachträglich zu entrichtenden Steuern.

6. Jeder Betheiligte ist verpflichtet, für den ihm zukommenden Anfall eine besondere Erklärung abzugeben. Es kann aber auch gemäß § 26 von einem der Betheiligten eine Erklärung für alle den Nachlaß betreffenden Anfälle abgegeben werden. In diesem Falle hat der Erklärende auch die Steuer für sämmtliche Anfälle zu entrichten. Vergl. vorstehende Bem. 5.

7. Entspricht eine Erklärung nicht den Vorschriften des Gesetzes, oder enthält sie nicht alles, was zur Feststellung und Berechnung der Steuer unbedingt erforderlich ist, so ist der Enregistrementseinnehmer berechtigt, dieselbe zurückzuweisen.

8. Wird eine Erklärung innerhalb der gesetzlichen Frist nicht abgegeben, so ist, wie dies unter dem bisherigen Recht geschah, die Steuer an der Hand der der Steuerbehörde zu Gebot stehenden Mittel vorläufig unter dem Vorbehalt endgültiger Berechnung festzusetzen. Vergl. Bem. A. 2 zu § 32.

9. Ist die Erklärung abgegeben, so haftet derjenige, für welchen sie abgegeben worden ist, für deren Richtigkeit und Vollständigkeit. Ergeben sich später Unrichtigkeiten oder Unvollständigkeiten, so tritt die in § 34 bestimmte Strafe ein.

Bezüglich der freiwilligen Berichtigung oder Vervollständigung vergl. Bem. 3 zu § 34.

10. In manchen Fällen können die Steuerpflichtigen in die Lage kommen, außer einer Erklärung später noch Ergänzungserklärungen abgeben zu müssen, weil bei Abgabe der ersten Erklärung die Berechnung der Steuer nicht möglich war, sei es, weil der Erwerb noch von einer aufschiebenden Bedingung abhing oder auf einen Anfangstermin, dessen Eintritt nicht bestimmt war, hinausgerückt war, sei es, weil gewisse Werthe oder Schulden und Lasten mit Rücksicht auf besondere Umstände nicht berücksichtigt werden konnten oder weil Lasten in Abzug gebracht wurden, welche später wegen Eintritts einer auflösenden Bedingung oder eines Endtermins wegfallen, sei es aus anderen ähn-

lichen Gründen. In allen diesen Fällen ist, sobald die Berechnung der Steuer möglich wird, eine Ergänzungserklärung abzugeben.

Die Frist zur Abgabe der nachträglichen Erklärung beginnt mit dem Tage des Eintrittes des Ereignisses, welches den Anspruch auf die zu entrichtende Steuer begründet.

Zu § 25.

1. Der Erbschaftserklärung muß das in dem Paragraphen bezeichnete Masseverzeichniß beigefügt werden. Wird die Vorlage eines solchen verweigert, so ist die Enregistrementseinnehmerei berechtigt, die Erbschaftserklärung zurückzuweisen. Die gleiche Befugniß steht ihr zu, wenn das in Vorlage gebrachte Masseverzeichniß den gesetzlichen Vorschriften nicht entspricht und eine genaue Berechnung der Steuer nicht ermöglicht.

2. Nach dem bisherigen Rechte hatte sich das Verzeichniß bloß auf die beweglichen Gegenstände der Nachlaßmasse zu erstrecken. Nunmehr muß dasselbe nach der Vorschrift des Paragraphen alle Vermögensbestandtheile ohne Ausnahme, sowie die etwa in Abzug zu bringenden Schulden und Lasten umfassen. Es sind namentlich auch in dasselbe aufzunehmen bestrittene Rechte, unsichere und ungewisse Forderungen, Forderungen, die der Steuerpflichtige für werthlos hält, Forderungen, die letzterer eingezogen und zur Tilgung von Nachlaßschulden verwendet hat. Auch die Vermögensgegenstände, die nach §§ 5—7 steuerfrei sind, müssen in das Verzeichniß aufgenommen werden, wenn sie aus irgend einem Grunde für die Feststellung der Steuer in Betracht kommen. Vergl. hierüber die Bem. zu Abs. 2 u. 3 des § 34.

3. Die Vermögensbestandtheile des Nachlasses, sowie die Schulden und Lasten sind im Einzelnen aufzuführen und so genau zu bezeichnen, daß es möglich ist, jederzeit zu prüfen, ob die in dem Verzeichniß enthaltenen Angaben richtig sind. Die A. V. Ziffer 5 gestatten indessen, körperliche bewegliche Gegenstände in kleineren den Verhältnissen entsprechenden Gruppen aufzuführen und abzuschätzen. Auf andere Gegenstände darf diese Bestimmung nicht ausgedehnt werden. Liegenschaften sind katastermäßig zu bezeichnen; bei Werthpapieren sind die Natur und die Nummer derselben, bei Forderungen, sowie Schulden und Lasten die Höhe der Summe, Natur und Datum des Titels, Zinsfuß, Betrag der etwa rückständigen Zinsen, Tag der Fälligkeit, Name und Wohnort des Schuldners, beziehungsweise Gläubigers anzugeben u. s. w.

4. Außerdem hat das Masseverzeichniß die erforderlichen Werthangaben und Schätzungen zu enthalten. Vergl. hierüber die §§ 9 ff.

5. Von der Beibringung eines Masseverzeichnisses kann nach V. S. 24 abgesehen werden, wenn ein notarielles Erbverzeichniß errichtet worden ist und eine Ausfertigung desselben beigebracht wird. Es genügt also in einem solchen Falle nicht mehr der einfache Hinweis auf das Erbverzeichniß, es muß vielmehr eine Ausfertigung desselben zu den Akten der Enregistrementseinnehmerei gegeben werden. Diese Ausfertigung unterläge nach den allgemeinen Vorschriften des Stempelgesetzes dem Stempel, allein da sie das Masseverzeichniß zu ersetzen bestimmt ist und dieses auf stempelfreiem Papier errichtet werden darf, so wird zugegeben werden müssen, daß diese Ausfertigung, sofern der Zweck, zu dem sie ertheilt wird, in derselben angegeben ist, ebenfalls stempelfrei ist.

Das in Gemäßheit des § 3 des Gesetzes, betreffend die Beaufsichtigung und die Kosten der Vormundschaftsverwaltung vom 22. Oktober 1873 aufgenommene Privatvermögensverzeichniß, welches an die Stelle des notariellen Erbverzeichnisses tritt, muß ebenfalls von der Verpflichtung zur Aufstellung eines besonderen Masseverzeichnisses befreien. Die Ausfertigung desselben ist unter der vorstehend angegebenen Voraussetzung gleichfalls als stempelfrei zu betrachten.

6. Nach § 9 bemißt sich die Erbschaftssteuer nach dem gemeinen Werthe beziehungsweise nach dem 20fachen Ertrage, den die Masse am Tage des Anfalles hatte. Die Steuerbehörde ist daher befugt, zu prüfen, ob die in dem Masse- oder Erbverzeichniß enthaltenen Werth- und Ertragsangaben und Schätzungen diesem gemeinen Werth u. s. w. entsprechen. Hierbei ist nach Maßgabe des § 30 zu verfahren.

7. Das Masseverzeichniß ist nach der ausdrücklichen Vorschrift des Paragraphen stempelfrei. Die Vollmacht zur Abgabe der Erbschaftserklärung kann deßhalb jetzt nicht mehr auf dasselbe geschrieben werden. Vergl. Bem. 1 zu § 24. Ebenso auch nicht auf die Ausfertigung eines notariellen Erbverzeichnisses oder eines Privatvermögensverzeichnisses.

8. Bei Erbstücksvermächtnissen ist die Vorlage eines Masseverzeichnisses nicht erforderlich; es genügt vielmehr die Angabe und Schätzung der Gegenstände der Vermächtnisse, sowie der etwaigen Lasten in der Erbschaftserklärung.

§ 26.

Theilnehmer an einer Erbschaft sowie Schenk- und Vermächtnißnehmer sind von der Verpflichtung zur Abgabe der Erklärung befreit, wenn die ihnen zukommenden Anfälle von einem Mitberechtigten, beziehungsweise einem Erben oder einer der in § 21 genannten Personen rechtzeitig erklärt werden. Sofern sie nicht selbst eine Erklärung abgeben, haften sie für die Richtigkeit und Vollständigkeit der erfolgten Erklärung, wie wenn dieselbe von ihnen persönlich ausgegangen wäre.

1. Die Vorschrift des Paragraphen entspricht dem bisherigen Rechte. (B. S. 24.) Jeder Theilnehmer an einer Erbschaft, jeder Miterbe, sowie jeder Vermächtniß- oder Schenknehmer und endlich jede der in § 21 genannten Personen ist berechtigt, die Erklärung für alle den Nachlaß betreffenden Anfälle oder auch für einzelne derselben unter Zahlung der für diese Anfälle geschuldeten Steuern abzugeben. Vergl. Bem. 6 zu § 24. Einer Vollmacht seitens der übrigen am Nachlaß Mitberechtigten, auf deren Anfälle sich die Erbschaftserklärung miterstreckt, bedarf es nicht; es kann sich vielmehr der Erklärende wie bisher für die übrigen Steuerpflichtigen stark tragen.

Ist eine solche Erklärung rechtzeitig, d. h. innerhalb der im § 24 bezeichneten Frist abgegeben worden, so sind die übrigen Mitberechtigten, in deren Namen die Erklärung mit abgegeben worden ist, von der Verpflichtung zur Abgabe besonderer Erklärungen für die sie betreffenden Anfälle befreit. Doch haften sie, soferne sie nicht selbst eine Erklärung abgegeben haben, für die Vollständigkeit und Richtigkeit der von einem Mitbetheiligten abgegebenen Erklärung, wie wenn dieselbe von ihnen persönlich ausgegangen wäre. Der Umfang der Haftpflicht für die Steuern richtet sich nach § 20; bezüglich der Haftpflicht für die Strafen vergl. Bem. 5 u. 6 zu § 34. Was den Einfluß einer freiwilligen Berichtigung oder Vervollständigung einer unrichtigen oder unvollständigen Erklärung betrifft, welche ein Mitbetheiligter noch vor der Aufforderung zur Zahlung der wegen der Hinterziehung geschuldeten Steuer und Strafe vornimmt, vergl. Bem. 3 zu § 34.

2. Ist die Erklärung nicht rechtzeitig, d. h. erst nach Ablauf der gesetzlichen Frist abgegeben worden, so können die Mitbetheiligten aus derselben eine Befreiung von der Verpflichtung zur Abgabe der Erklärung für ihre Anfälle nicht ableiten und unterliegen der Fristversäumnißstrafe.

§ 27.

Die Steuerbehörde kann die Beibringung von Beweismitteln über die von der Masse abzuziehenden Schulden und anderen Ansprüche, auf Grund deren Theile der Masse ausgeschieden oder Abzüge von derselben gemacht werden sollen, verlangen und die Steuer vorläufig ohne Berücksichtigung der nicht genügend belegten Schulden und Ansprüche festsetzen. Im Uebrigen erfolgt die Feststellung der Steuer auf Grundlage der Erklärung vorbehaltlich der Nachforderung, sofern die Erklärung sich als unrichtig oder unvollständig erweist.

Nach dem bisherigen Rechte war für die Berechnung der Steuer vorerst die Erbschaftserklärung maßgebend. Die Steuerbehörde mußte diese Erklärung, auch wenn sie von der Unrichtigkeit derselben überzeugt war, der Berechnung der Erbschaftssteuer zu Grunde legen, vorbehaltlich der Nachforderung der etwa hinterzogenen Steuern. Dieser Grundsatz konnte im Hinblick auf den nunmehr zulässigen Abzug der Schulden nicht mehr uneingeschränkt aufrecht erhalten werden. Der Paragraph bestimmt daher, daß die Steuerbehörde befugt ist, die Beibringung von Beweismitteln über die von der Masse abzuziehenden Schulden und anderen Ansprüche, auf Grund deren Theile der Masse ausgeschieden oder Abzüge von derselben gemacht werden sollen, zu verlangen. Werden diese Beweise nicht in genügender Weise erbracht, so können die Schulden und Ansprüche nicht berücksichtigt werden. Zu diesen Ansprüchen gehören auch die Ersatzforderungen der Ehegatten, durch deren Abzug die steuerpflichtige Masse vermindert werden soll.

Die Festsetzung der Steuer ohne Berücksichtigung der nicht genügend belegten Schulden und Ansprüche ist indessen, wie im Paragraphen ausdrücklich hervorgehoben ist, nur eine vorläufige. Es steht dem Steuerpflichtigen das Recht zu, den erforderten Nachweis noch nach der Abgabe der Erbschaftserklärung und Bezahlung der Steuer zu erbringen. In diesem Falle begründet der nachträglich erbrachte Nachweis einen Anspruch auf Rückerstattung der bezahlten Steuer, der indessen gemäß § 33 Ziffer 6 innerhalb 2 Jahren vom Tag der Zahlung an geltend gemacht werden muß.

Im Uebrigen ist der Eingangs erwähnte Grundsatz durch den Paragraphen aufrecht erhalten. Bezüglich der in der Erklärung enthaltenen

Aktiven muß die Steuerbehörde die Erklärung zunächst so annehmen, wie sie abgegeben wurde (B. K. S. 10). Die Steuer muß daher auf Grundlage derselben berechnet werden und es steht der Behörde nur das Recht zu, nachträglich in eine Prüfung der Frage einzutreten, ob die Erklärung unrichtig oder unvollständig ist. Die beiden folgenden Paragraphen enthalten die Vorschriften über das hierbei einzuhaltende Verfahren. Dabei ist zu bemerken, daß sich die Vorschriften der §§ 27—29 nur auf die Feststellung der thatsächlichen Verhältnisse, nicht auch auf die Werthsermittelungen beziehen. Bezüglich der letzteren ist § 30 maßgebend.

§ 28.

Bestehen Bedenken gegen die Richtigkeit oder Vollständigkeit der Erklärung, so kann die Steuerbehörde von jedem Theilnehmer an dem Anfall, gleichviel ob er selbst die Erklärung abgegeben hat oder nicht, beziehungsweise von dem gesetzlichen Vertreter eines Betheiligten, die Ertheilung der noch erforderlichen Aufschlüsse über die auf den Anfall bezüglichen thatsächlichen Verhältnisse, soweit sie für die Höhe der von ihm selbst oder seinen Mitbetheiligten zu entrichtenden Steuer maßgebend sind, und, soweit nothwendig, die Gestattung der Einsichtnahme der in Betracht kommenden Schriftstücke, auf Wunsch der Betheiligten an Ort und Stelle, verlangen. Insbesondere kann auch bezüglich bereits zugelassener Schulden und Ansprüche noch die Beibringung weiterer Beweismittel verlangt werden.

1. Die abgegebene Erbschaftserklärung kann, wie sich aus der Bemerkung zu § 27 ergibt, für die Berechnung der Steuer nicht unbedingt maßgebend sein. Der Steuerbehörde muß das Recht zustehen, dieselbe zu prüfen und, falls Bedenken gegen die Richtigkeit oder Vollständigkeit derselben bestehen, von den Verpflichteten nähere Aufschlüsse über die auf den Anfall bezüglichen thatsächlichen Verhältnisse zu verlangen.

Dies bezieht sich auch auf die bei der Abgabe der Erbschaftserklärung bereits zugelassenen Schulden und Ansprüche; auch hierfür können nachträglich noch weitere Aufschlüsse verlangt werden.

2. Zur Ertheilung der Aufschlüsse sind verpflichtet jeder Theilnehmer an dem Anfall, gleichviel ob er die Erklärung selbst abgegeben hat oder nicht, und die gesetzlichen Vertreter eines Betheiligten. Bezüglich der letzteren vergl. die Bem. 2 zu § 21.

Die Bevollmächtigten, Nachlaßverwalter und Testamentsvollstrecker erwähnt der Paragraph nicht, allein da diese gemäß § 26 zur Abgabe der Erbschaftserklärung berechtigt sind, so werden sie, wenigstens wenn sie eine solche Erklärung abgegeben haben, auch zur Ertheilung der zur Prüfung dieser Erklärung erforderlichen Aufschlüsse aufgefordert werden können. Die Weigerung derselben, dieser Aufforderung nachzukommen, würde aber für die Theilnehmer an dem Anfall keine Rechtsnachtheile zur Folge haben.

3. Die Aufschlüsse können verlangt werden hinsichtlich aller auf den Anfall bezüglichen thatsächlichen Verhältnisse, soweit sie für die Höhe der Steuer maßgebend sind, und es können dieselben von jedem zur Ertheilung derselben Verpflichteten nicht bloß bezüglich der durch ihn selbst, sondern auch bezüglich der durch die sämmtlichen Mitbetheiligten geschuldeten Steuern verlangt werden.

4. Neben der Ertheilung der Aufschlüsse kann die Steuerbehörde auch die Gestattung der Einsichtnahme von Schriftstücken verlangen, soweit dies zur Prüfung der Erbschaftserklärung nothwendig ist. Der Paragraph enthält in dieser Beziehung keine Einschränkung, es kommen daher alle Schriftstücke ohne Ausnahme und ohne Rücksicht auf die Natur derselben in Betracht. Beispielsweise kann geboten erscheinen, die Einsichtnahme von Eheverträgen, wenn die Steuerbehörde glaubt, daß als gütergemeinschaftlich aufgeführte Vermögenstheile Sondergut des Verstorbenen seien, wenn Ersatzforderungen in Frage stehen, u. s. w.; ferner können in Betracht kommen Geschäftsbücher und Bilanzen (vergl. z. B. den in Bem. 21 zu § 3 angeführten Fall), Hausbücher u. s. w.

Der Umstand, daß die fraglichen Urkunden bei der mit der Erhebung der Erbschaftssteuer betrauten Enregistrementseinnehmerei einregistrirt worden sind, ändert nichts an der durch den Paragraphen festgesetzten Verpflichtung zur Gestattung der Einsichtnahme. Da der Inhalt der einzuregistrirenden Urkunden in der Regel nicht wörtlich in die Register eingetragen wird, so kann es in manchen Fällen für die Steuerbehörde von Interesse sein, die Urkunde selbst einzusehen. (Für die Aufsuchung der auf die Urkunden bezüglichen Registereinträge stehen dem Amtsvorstand die in Art. 58 des Gesetzes vom 22. Frim. VII bezeichneten Gebühren nicht zu, da die Einsichtnahme dieser Registereinträge nicht ausschließlich im Interesse der Steuerpflichtigen erfolgt.)

Die Urkunden, welche der Steuerpflichtige zur Unterstützung der in der Erbschaftserklärung enthaltenen Angaben zur Einsichtnahme vorlegt, werden wegen dieses Gebrauchs weder stempel- noch registrirungspflichtig. Gehören sie aber zu den Schriftstücken, welche schon an und für sich dem Stempel und der Einregistrirung unterliegen, so ist die Steuerbehörde, wenn eine Zuwiderhandlung in dieser Beziehung vorliegt, berechtigt, die hinterzogenen Gebühren einzuziehen und das Strafverfahren einzuleiten. In der Kommissionsberathung ist jedoch Namens der Regierung die Erklärung abgegeben worden, daß, wie bisher, wo häufig nicht registrirte Pachtverträge zum Beweise des Ertrags von Liegenschaften gleichsam „vertraulich" vorgelegt worden seien, ohne daß deßhalb Strafansatz erfolgt wäre, auch für die Folge die Verwaltung in ähnlichen Fällen sehr nachsichtig vorgehen werde. (B. K. S. 10.)

Will der Steuerpflichtige die Einsichtnahme der ihm bezeichneten Schriftstücke gestatten, so kann er verlangen, daß diese Einsichtnahme bei ihm an Ort und Stelle stattfinde.

5. Das Gesetz gewährt der Verwaltung kein Mittel, um die Ertheilung der Aufschlüsse und die Gestattung der Einsichtnahme von Schriftstücken zu erzwingen. Es hängt deßhalb von dem Belieben des Pflichtigen ab, ob er der an ihn gerichteten Aufforderung nachkommen will oder nicht. Die Weigerung ist indessen für den Pflichtigen, beziehungsweise die Theilnehmer an dem Anfall, nicht ohne bestimmte Folgen. Es sind folgende Fälle zu unterscheiden.

a) Stehen der Verwaltung sonstige Beweismittel zu Gebot, durch welche sie die Unrichtigkeit oder Unvollständigkeit der Erbschaftserklärung darthun zu können glaubt, so kann (gerade wie nach dem bisherigen Rechte) die nach Maßgabe dieser Beweismittel berechnete Steuer mittelst Zwangsbefehls angefordert werden. Erhebt der Steuerpflichtige gegen diesen Zwangsbefehl Widerspruchsklage oder, falls zur Vermeidung der Zwangsvollstreckung Zahlung geleistet wurde, Rückerstattungsklage, so ist die Verwaltung beweispflichtig. Wenn die von ihr vorgebrachten Beweismittel vom Gerichte nicht als genügend angesehen werden, so muß sie in dem Rechtsstreite unterliegen. Allein in diesem Falle müssen gemäß § 89 C.-P.-O. die Prozeßkosten dem Steuerpflichtigen zu Last gelegt werden, wenn die Verwaltung seinen Anspruch für den Fall der nachträglichen Beibringung der erforderlichen Aufklärungen sofort anerkennt, da nicht die Verwaltung durch ihr Verhalten zur Erhebung der Klage Anlaß gegeben hat, sondern der Steuerpflichtige (beziehungsweise sein gesetzlicher Vertreter), welcher einer ihm durch das Gesetz auferlegten Verpflichtung nicht nachgekommen ist.

b) Fehlen der Steuerbehörde bestimmte Beweise für die Unvollständigkeit oder Unrichtigkeit der Erbschaftserklärung, so daß der Rechtsweg nicht beschritten werden kann, so kann jedem Theilnehmer an dem Anfall beziehungsweise dem gesetzlichen Vertreter eines Betheiligten eine Versicherung an Eidesstatt im Sinne des § 29 auferlegt werden.

§ 29.

Im Falle eine gütliche Einigung nicht erzielt wird und der Verdacht einer Unvollständigkeit oder Unrichtigkeit der Erklärung bestehen bleibt, ohne daß jedoch bestimmte Beweise hierfür vorliegen, kann der Direktor der Zölle und indirekten Steuern bei dem Amtsgerichte, in dessen Bezirk die zuständige Enregistrementseinnehmerei ihren Sitz hat, den Antrag stellen, daß den in § 28 bezeichneten Personen oder einzelnen derselben eine Versicherung an Eidesstatt dahin auferlegt werde, daß die Erklärung und das Verzeichniß nach ihrem besten Wissen vollständig und ihnen insbesondere nicht bekannt ist, daß Massengegenstände, welche für die Erbschaftssteuer von Belang sind, in derselben fehlen beziehungsweise daß Schulden und Lasten, welche zur Zeit des Todes des Erblassers nicht oder nicht mehr bestanden, in Abzug gebracht worden sind. Auf Werthschätzungen erstreckt sich diese Versicherung nicht.

Das Amtsgericht kann die Vorladung der bezeichneten Personen zu einer mündlichen Verhandlung über den Antrag anordnen; es entscheidet nach freiem Ermessen. Gegen den Beschluß findet sofortige Beschwerde statt.

Die eidesstattliche Versicherung erfolgt vor dem Amtsgerichte zu Protokoll.

Wird der Verpflichtung zur Abgabe der eidesstattlichen Versicherung nicht stattgegeben, so kann das Amtsgericht den Säumigen durch Festsetzung von Ordnungsstrafen bis zum Gesammtbetrage von 3000 ℳ hierzu anhalten. Gegen den Festsetzungsbeschluß findet sofortige Beschwerde statt.

1. Wie sich aus der Bem. 5 zu § 28 ergibt, kann die Ertheilung der erforderlichen Aufschlüsse von den hiezu Verpflichteten nicht erzwungen werden. Es werden daher öfter Fälle übrig bleiben, in welchen zwar der Verdacht besteht, daß das Vermögen nicht vollständig angegeben worden ist, anderseits ein Anhalt dafür, in welchem Umfang und in welcher Richtung eine Verheimlichung stattgefunden hat, nicht vorliegt. Der Paragraph sieht daher die Befugniß der Steuerbehörde vor, den Antrag bei Gericht zu stellen, daß den Steuerpflichtigen die eidesstattliche Versicherung der Richtigkeit und Vollständigkeit der Erklärung aufgegeben werde.

Die Ausübung dieser Befugniß ist an die Voraussetzungen geknüpft, daß eine gütliche Einigung nicht erzielt wird und daß bestimmte Beweise für die Unvollständigkeit und Unrichtigkeit der Erklärung nicht vorliegen.

2. Die Vorschrift des Paragraphen findet insbesondere in Fällen Anwendung, in denen die Verwaltung den Verdacht hegt, daß in der Erbschaftserklärung Werthe ausgelassen worden sind, deren Vorhandensein nicht nachzuweisen ist. Aber auch dann kann die eidesstattliche Versicherung auferlegt werden, wenn es sich um den Abzug von Schulden und Lasten handelt und zwar auch in den Fällen, in welchen der Steuerpflichtige bei Abgabe der Erbschaftserklärung Beweismittel bezüglich dieser Schulden und Lasten vorgelegt hat, die damals nicht zu beanstanden waren, später aber zu Zweifeln Anlaß gaben.

3. Die eidesstattliche Versicherung hat den Charakter eines Offenbarungs- (Manifestations-) Eides, ähnlich wie er in §§ 711 und 769 C.-P.-O. und § 115 K.-O. vorgesehen ist. (B. S. 26.)

4. Die eidesstattliche Versicherung kann den in § 28 bezeichneten Personen auferlegt werden. Es sind dies die sämmtlichen Theilnehmer an dem Anfall, sowie die gesetzlichen Vertreter eines Betheiligten. Bezüglich der letzteren vergl. die Bem. 2 zu § 21. (Ob auch der Erbstücksvermächtniß- oder Schenknehmer zur Abgabe der eidesstattlichen Versicherung hinsichtlich der Anfälle an die übrigen Theilnehmer verpflichtet erscheint, ist in jedem einzelnen Falle mit Rücksicht auf die thatsächlichen Verhältnisse zu entscheiden. In der Regel wird er von dem Bestand der Masse keine genügende Kenntniß haben.) Es begründet keinen Unterschied, ob die verpflichteten Personen die Erklärung selbst abgegeben haben oder nicht.

Der Paragraph stellt es dem freien Ermessen des Direktors der Zölle und indirekten Steuern anheim, ob er beantragen will, daß die Versicherung sämmtlichen zur Abgabe derselben verpflichteten Personen, oder nur einzelnen derselben auferlegt werden soll.

5. Die eidesstattliche Versicherung erstreckt sich auf die Erklärung und das Masseverzeichniß. Sie ist indessen nicht auf die objektive Richtigkeit und Vollständigkeit dieser Urkunden zu richten, sondern auf die subjektive Ueberzeugung, daß nichts verschwiegen worden ist, was für die Berechnung der Steuer von Belang wäre (werthlose oder geringfügige Sachen kommen hiebei nicht in Betracht) und daß keine Schulden abgezogen worden, welche nicht bestanden haben. (B. S. 26.) Ersatzforderungen und Ersatzleistungen des Nachlasses oder des überlebenden Ehegatten sind zu berücksichtigen, vergl. die Bem. zu § 27. Dagegen bleiben solche Massegegenstände außer Betracht, welche gemäß §§ 5—7 steuerfrei sind, sofern nicht die Angabe solcher Werthe auf die Feststellung der Steuer von Einfluß ist, vergl. z. B. § 8.

Bei Werthschätzungen erscheint die eidesstattliche Versicherung, welche sich nur auf Thatsachen, nicht auf persönliche Ansichten beziehen darf, nicht zulässig, auch nicht in dem Sinne, daß der Erklärende den angegebenen Werth für richtig hält (B. S. 26).

6. Da die eidesstattliche Versicherung sich auf die Erbschaftserklärung und das Masseverzeichniß bezieht, deren Richtigkeit bestätigt werden soll, so kann sie erst nach erfolgter Abgabe der Erbschaftserklärung verlangt werden. An eine Frist ist die Ausübung der der Direktivbehörde eingeräumten Befugniß nicht geknüpft; es kann deßhalb von derselben so lange Gebrauch gemacht werden, bis nach § 33 die Verjährung eingetreten ist.

Die Auflage der Versicherung setzt, wie vorstehend bemerkt ist, die Abgabe einer Erbschaftserklärung voraus. Es frägt sich daher, in welcher Weise zu verfahren ist, wenn der Steuerpflichtige sich weigert, eine solche Erklärung abzugeben.

In einem solchen Fall setzt die Steuerbehörde die Steuer zunächst selbst fest und fordert sie mittelst Zwangsbefehls an. Im Weiteren ist zu unterscheiden:

a) Bezahlt der Steuerpflichtige den im Zwangsbefehl angeforderten Betrag, ohne nachträglich eine Erbschaftserklärung abzugeben, so wird die Steuerbehörde befugt sein, in der Zahlung eine Anerkennung der Massenaufstellung zu erblicken, welche sie der im Zwangsbefehl enthaltenen Berechnung zu Grunde gelegt hat und demgemäß diese Massenaufstellung als Ersatz der Erbschaftserklärung zu betrachten. Wollte man der Steuerbehörde nicht ohne Weiteres ein solches Recht einräumen, so müßte sie im ordentlichen Verfahren Klage gegen den Steuerpflichtigen erheben mit dem Antrag, daß derselbe verurtheilt werde, binnen einer bestimmten Frist seiner gesetzlichen Verpflichtung zur Abgabe einer Erklärung nachzukommen, widrigenfalls die dem Zwangsbefehl zu Grunde liegende Massenaufstellung als solche angesehen werde.

b) Erhebt der Steuerpflichtige Widerspruchsklage oder, falls er zur Vermeidung der Zwangsvollstreckung Zahlung geleistet hat, Rückerstattungsklage, so kann die Verwaltung den Antrag an das Gericht stellen, daß dem Kläger die Auflage gemacht werde, nachträglich seine gesetzliche Verpflichtung zur Abgabe einer Erklärung zu erfüllen, widrigenfalls im Falle der Aufrechthaltung der Forderung der Verwaltung die dem Zwangsbefehl zu Grunde liegende Massenaufstellung als solche betrachtet, im

Falle der Aufhebung der Forderung der Verwaltung angenommen werde, daß der Kläger eine dahin lautende Erklärung abgegeben habe, daß eine steuerpflichtige Masse nicht vorhanden sei.

7. Zur Abnahme der eidesstattlichen Versicherung ist das Amtsgericht zuständig und zwar ausschließlich (B. K. S. 10) dasjenige Amtsgericht, in dessen Bezirk die zuständige Enregistrementseinnehmerei ihren Sitz hat. Gegen den Beschluß, welchen dieses Gericht zu dem Antrage erläßt, steht sowohl dem Steuerpflichtigen, als dem Direktor der Zölle und indirekten Steuern das Rechtsmittel der sofortigen Beschwerde zu. Diese Beschwerde muß gemäß § 540 C.-P.-O. binnen einer Nothfrist von zwei Wochen eingelegt werden, welche mit der Zustellung des amtsgerichtlichen Beschlusses beginnt.

8. Wird die eidesstattliche Versicherung in der angeordneten Weise abgegeben, so sind die Erbschaftserklärung und das Masseverzeichniß als richtig anzunehmen.

Der Schlußsatz des § 34 räumt dem Pflichtigen das Recht ein, die Erbschaftserklärung vor Abgabe der eidesstattlichen Versicherung zu berichtigen und zu vervollständigen, ohne daß wegen der ursprünglichen unrichtigen Angaben eine Bestrafung erfolgen darf. In einem solchen Fall ist nur die nach Maßgabe der Berichtigung noch zu zahlende Steuer selbst zur Erhebung zu bringen.

Ergeben sich nach Abgabe der eidesstattlichen Versicherung Behelfe, mittelst welcher die Steuerbehörde den Nachweis erbringen kann, daß trotz dieser Versicherung die Erklärung unrichtig oder unvollständig ist, so tritt neben der nachträglichen Besteuerung die Bestrafung gemäß § 34 ein.

Außerdem aber wird derjenige, welcher die eidesstattliche Versicherung wissentlich falsch abgegeben hat, gemäß § 156 St.-G.-B. mit einer Gefängnißstrafe von einem Monat bis zu drei Jahren bestraft. Daß die in einem solchen Fall zu erstattende Anzeige an die Staatsanwaltschaft nicht durch den Enregistrementseinnehmer, sondern durch die Direktivbehörde zu bethätigen ist, ergibt sich aus den bestehenden Verwaltungsgrundsätzen.

9. Die in Gemäßheit des letzten Absatzes zu verhängenden Ordnungsstrafen fließen, mangels einer besonderen Bestimmung über die Zuweisung, in die Staatskasse. Die Einweisung, Einziehung und rechnerische Behandlung erfolgt nach den für die gewöhnlichen Straffachen bestehenden Vorschriften.

10. In der Kommissionsberathung ist die Erklärung abgegeben worden, daß von den Befugnissen der §§ 27—29 nur bei bedeutenden Differenzen Gebrauch gemacht werde. B. K. S. 10.

§ 30.

Trägt die Steuerverwaltung Bedenken, die Werth- oder Ertragsangaben und Schätzungen als richtig anzunehmen, so ist zunächst ein Ausgleich zu versuchen; findet ein solcher nicht statt, so ist der Steuerpflichtige befugt, eine Abschätzung nach den für die Ermittelung des Werthes oder Ertrages von Liegenschaften wegen der Enregistrementsgebühren bestehenden Vorschriften zu verlangen. Wird ein solcher Antrag nicht gestellt, so ist die Steuerbehörde befugt, selbständig den Werth oder Ertrag zu ermitteln und danach die Steuer festzusetzen. Die Kosten der Ermittelung fallen dem Steuerpflichtigen zur Last, wenn der ermittelte Betrag den angegebenen um mehr als ein Achtel des Letzteren übersteigt. Die Kostenersatzpflicht fällt weg, wenn im Verwaltungs- oder Rechtswege die Ermäßigung des Werthes oder Ertrages auf einen nicht zum Kostenersatz verpflichtenden Betrag erfolgt.

1. Während die §§ 27—29 die Vorschriften darüber enthalten, wie die Steuerbehörde die auf den Anfall bezüglichen thatsächlichen Verhältnisse feststellen kann, beschäftigt sich der Paragraph 30 mit der Beanstandung der in den Erbschaftserklärungen enthaltenen Werth- oder Ertragsangaben und Schätzungen. Die Vorschriften desselben finden Anwendung auf alle zu der Masse gehörenden Vermögensgegenstände ohne Ausnahme, auch auf die von der Masse in Abzug zu bringenden Ansprüche und Lasten.

2. Die Beanstandung kann statthaben im Augenblick, da die Erbschaftserklärung abgegeben wird, oder später bei Kontrollirung der in derselben enthaltenen Angaben. Im ersteren Falle ist der Versuch zu machen, alsbald eine Einigung herbeizuführen. Gelingt dies nicht, so hat die Einnehmerei vorerst die Werth- und Ertragsangaben und Schätzungen, wie sie von dem Steuerpflichtigen bethätigt worden sind, der Berechnung zu Grund zu legen und sodann nach Vorschrift des Paragraphen weiter zu verfahren.

Im zweiten Falle ist ebenfalls zunächst eine Einigung zu versuchen; und erst, wenn diese nicht zu erzielen ist, die Ermittelung nach Maßgabe der Vorschriften des Paragraphen vorzunehmen.

Diese Vorschriften gestatten zunächst dem Steuerpflichtigen, welcher die durch die Steuerbehörde erhobenen Bedenken nicht für gerechtfertigt erachtet, eine Abschätzung zu verlangen nach den für die Ermittelung des Werthes oder Ertrages von Liegenschaften wegen der Enregistrementsgebühren bestehenden Vorschriften. Es sind dies die in den Art. 17—19 des Ges. vom 22. Frim. VII enthaltenen Bestimmungen. (Die in Art. 17 festgestellte Frist ist im Hinblick auf die Bestimmung des § 33 nicht maßgebend. So lange der Anspruch auf Nachzahlung für die Verwaltung nicht verjährt ist, kann auch der Steuerpflichtige die Abschätzung beantragen.) Wie sich aus vorstehender Bemerkung 1 ergibt, kann dieses Abschätzungsverfahren nicht bloß für die Liegenschaften verlangt werden, sondern für alle zur Masse gehörigen Vermögensstücke.

Wird dasselbe durchgeführt, so ist das Ergebniß desselben nach feststehender Rechtsprechung für die Gerichte bindend. Urtheile des Oberlandesgerichts Colmar vom 27. Juni 1884 und 30. September 1887. (Amtsbl. 1885 S. 155; 1888 S. 616.)

Macht der Steuerpflichtige von der ihm eingeräumten Befugniß keinen Gebrauch, so greift die in dem Gesetze soweit als möglich überall befolgte Regel Platz, nach welcher die Berechnung der Steuer nach dem thatsächlichen, auf Grund freier Beweiswürdigung sich ergebenden Werthe vorzunehmen ist. Darnach ist die Steuerbehörde befugt, selbständig den Werth oder Ertrag zu ermitteln und darnach die Steuer festzusetzen.

Bezüglich der Mittel, von welchen behufs Feststellung des Werthes oder Ertrages Gebrauch zu machen ist, enthält das Gesetz keine besonderen Vorschriften. Die Steuerbehörde ist deßhalb in der Wahl derselben nicht beschränkt; es ist ihr anheimgestellt, in jedem einzelnen Falle die Mittel anzuwenden, welche ihr zweckmäßig erscheinen. Zunächst wird in Betracht kommen eine durch die Steuerbehörde anzuordnende Abschätzung durch Sachverständige. (Diese formlose Abschätzung ist nicht zu verwechseln mit dem Abschätzungsverfahren nach Maßgabe der oben angezogenen Bestimmungen der Art. 17—19 des Gesetzes vom 22. Frim. VII. Das Recht, die Einleitung eines solchen zu beantragen, wenn dies nicht von dem Steuerpflichtigen verlangt wird, steht der Steuerbehörde Mangels einer besonderen Bestimmung nicht zu.) Außerdem können Verträge über den Erwerb der fraglichen Gegenstände, bestehende Pachtverträge, Feuerversicherungspolizen, Verzeichnisse der Marktmittelpreise in Berücksichtigung gezogen werden. Auch die allgemeine Kenntniß der Verhältnisse hat als Mittel zur Feststellung des Werthes oder Ertrages zu dienen, und zwar auch dann, wenn diese allgemeine Kenntniß der Verhälnisse nur eine annähernde Schätzung ermöglichen sollte. Dies ist namentlich für die Fälle von Bedeutung, in welchen wegen bevorstehender Verjährung Gefahr im Verzuge und die Anwendung anderweitiger Mittel nicht möglich ist. In solchen Fällen wird der Werth oder Ertrag seitens der Einnehmerei auf Grund ihrer allgemeinen Kenntniß der Verhältnisse schätzungsweise festgestellt.

Es ist indessen zu bemerken, daß die auf diese Weise vorgenommene Feststellung der Steuer nicht endgültig ist. Im Fall des Widerspruchs seitens des Steuerpflichtigen entscheidet das Gericht nach den Grundsätzen der freien Beweiswürdigung. Vergl. die unten folgende Bem. 4.

3. Bezüglich der durch das Ermittelungsverfahren etwa entstehenden Kosten, und zwar ohne Unterschied, ob diese Kosten in Folge des durch den Steuerpflichtigen verlangten Abschätzungsverfahrens oder durch die seitens der Verwaltung vorgenommenen Erhebungen entstanden sind, bestimmt der Parapraph, daß sie dem Steuerpflichtigen nur für den Fall zur Last fallen, daß der ermittelte Betrag den von dem Steuerpflichtigen angegebenen um mehr als ein Achtel des Letzteren übersteigt. Hat beispielsweise der Steuerpflichtige den Werth des Nachlasses auf 8000 ℳ angegeben und es wird dieser Werth durch das Ermittelungsverfahren endgültig auf 9000 ℳ festgestellt, so hat die Verwaltung keinen Anspruch auf den Ersatz der Kosten; wird der Werth auf mehr als 9000 ℳ festgesetzt, so hat der Steuerpflichtige die Kosten zu ersetzen.

Diese Kosten bilden einen Nebenbestandtheil der auf die Steuer gerichteten Hauptforderung. Es kommen deßhalb hinsichtlich der Frage, in welchem Verhältnisse die Theilnehmer an dem Anfall für dieselben haften, die Vorschriften in Anwendung, welche das Gesetz bezüglich der Haftbarkeit für die Steuer aufstellt. (§§ 20 und 21.)

Aus der rechtlichen Natur der Kostenforderung als einer Nebenforderung ergibt sich ferner, daß dieselbe in der gleichen Weise geltend zu machen ist, wie die Hauptforderung. Es sind deßhalb diese Kosten mittelst Zwangsbefehls beizutreiben.

4. Ergibt das Ermittelungsverfahren einen höheren Werth, als von dem Steuerpflichtigen angegeben wurde, so ist die Steuer und, falls die Kostenersatzpflicht besteht, auch der Kostenbetrag, soferne eine gütliche Einzahlung nicht erfolgt, mittelst Zwangsbefehls anzufordern. Dem Steuerpflichtigen steht das Recht der Beschwerde auf dem Verwaltungswege offen. Bezüglich des Rechtsweges ist zu unterscheiden. Hat der Steuerpflichtige von der ihm eingeräumten Befugniß Gebrauch gemacht und ein Abschätzungsverfahren nach den Vorschriften der Art. 17—19 des Gesetzes vom 22 Frim. VII verlangt, so unterliegt das Gutachten der Sachverständigen der Nachprüfung durch das Gericht nicht; es ist vielmehr das Ergebniß dieses Verfahrens für die Steuerbehörde und den Steuerpflichtigen bindend, so daß der Rechtsweg in diesem Falle ausgeschlossen ist. Vergl. vorstehende Bem. 2. Dagegen steht dieser Rechtsweg dem Steuerpflichtigen offen, wenn die Steuer in anderer Weise durch die Steuerbehörde festgestellt worden ist. In dem Rechtsstreite braucht die Verwaltung anderweitige Beweise nicht zu erbringen; will sie aber solche erbieten, so ist ihr dies unbenommen und sie kann hiebei von allen Beweismitteln Gebrauch machen, welche die Civilprozeßordnung an die Hand gibt (unter Umständen selbst von der Eideszuschiebung, vergl. die Bem. A. 2 zu § 32). Der Gegner kann anderweitige Erhebungen beantragen und das Gericht entscheidet unter freier Beweiswürdigung.

Hier ist eine Entscheidunng zu erwähnen, welche unter der Herrschaft des bisherigen Rechtes ergangen ist. Das Oberlandesgericht Colmar hat unterm 10. November 1882 ein Urtheil erlassen (Amtsbl. 1883 S. 43), welches in Uebereinstimmung mit der französischen Rechtsprechung im Hinblick auf die formalen Bestimmungen des bisherigen Rechts einen Anspruch der Verwaltung abwies. Die in diesem Urtheile aufgestellten Grundsätze haben, da die fraglichen formalen Bestimmungen nicht mehr zu Recht bestehen und das Gesetz nunmehr von anderen Gesichtspunkten ausgeht, für die Folge keine Geltung mehr. Diesem Urtheil lag folgender Thatbestand zu Grunde. Ueber einen Nachlaß war ein notarielles Erbverzeichniß errichtet worden, in welchem die beweglichen Gegenstände durch einen vereidigten Sachverständigen zu einem Gesammtwerthe von 560 ℳ abgeschätzt worden waren. Drei Tage nach dem Abschluß des Erbverzeichnisses waren diese beweglichen Gegenstände um 970 ℳ öffentlich versteigert worden. Die Verwaltung verlangte, daß letztere Summe der Versteuerung zu Grunde zu legen sei. Das Urtheil wies diesen Anspruch ab, indem es von der Erwägung ausging, daß im Hinblick auf die formalen Bestimmungen des bisherigen Rechtes die in dem notariellen Erbverzeichniß enthaltene, von einem beeidigten Sachverständigen bethätigte Abschätzung, gegen deren Genauigkeit und Aufrichtigkeit Einwendungen nicht erhoben wurden, als Grundlage der Steuerberechnung zu dienen habe. Nach den jetzt maßgebenden Grundsätzen wird in einem derartigen Falle in der Regel verlangt werden können, daß der bei der Versteigerung erzielte Erlös der Besteuerung zu Grunde gelegt wird, weil angenommen werden muß, daß bei einer unter regelmäßigen Verhältnissen vorgenommenen öffentlichen Versteigerung der Steigpreis dem gemeinen Werthe der versteigerten Gegenstände entspricht. Nur dann, wenn der Steuerpflichtige nachweisen kann, daß außergewöhnliche Umstände auf die Erhöhung des Preises über den gemeinen Werth hinaus eingewirkt haben, bleibt das Ergebniß der Versteigerung bei Ermittelung des Werthes der betreffenden Gegenstände außer Betracht.

Die gleichen Grundsätze kommen zur Anwendung, wenn Liegenschaften, die nach dem gemeinen Werth zu versteuern sind (vergl. § 9), öffentlich versteigert worden sind.

Ob die Versteigerung vor oder nach Abgabe der Erbschaftserklärung stattgefunden hat, begründet keinen Unterschied. In letzterem Falle wird, wenn der Steigpreis höher ist, als die im Masseverzeichniß enthaltene Schätzung, die noch weiter geschuldete Steuer nachträglich eingezogen.

5. Das Ermittelungsverfahren braucht sich nicht auf den ganzen Nachlaß auszudehnen, es kann sich auch nur auf einzelne Gegenstände erstrecken, z. B. ein Haus, bestimmte bewegliche Gegenstände u. s. w. Dies ergibt sich aus der allgemeinen Fassung des Paragraphen, welcher eine Einschränkung nicht enthält.

6. Hinsichtlich der Werths- und Ertragsfestsetzung kann die eidesstattliche Versicherung nicht verlangt werden. Vergl. Bem. 5 zu § 29.

7. Bezüglich der Unterbrechung der Verjährung für Nachforderungen in Folge unrichtiger Werths- oder Ertragsangaben vergl. § 33 letzter Absatz.

§ 31.

Das Ministerium ist ermächtigt, auf Antrag eines Steuerpflichtigen ausnahmsweise von dem Erfordernisse der Vorlage eines Verzeichnisses und der Ermittelung der Masse im Einzelnen abzusehen und eine Abkommensversteuerung anzunehmen, auch eine solche Versteuerung für Anfälle, für welche die Steuererhebung sonst noch ausgesetzt bleiben müßte, zu gestatten.

1. Der Paragraph sieht ein einfaches Verfahren vor, um bei Erbschaftsmassen, deren Ermittelung im Einzelnen besondere Schwierigkeiten bietet oder voraussichtlich in längerer Zeit nicht möglich wäre, zur Festsetzung der Steuer zu gelangen, eine Versteuerung nach Abkommen. (B. S. 27.) Diese Abkommensversteuerung soll nur ausnahmsweise eintreten und es steht, wie in der Begründung S. 27 hervorgehoben ist, dem Ministerium frei, die Zulassung derselben von der durch den Steuerpflichtigen abzugebenden eidesstattlichen Versicherung abhängig zu machen, daß der Betrag des Anfalls nicht zu gering angegeben ist.

2. Die Abkommensversteuerung kann auch für einzelne Theile des Nachlasses beantragt und bewilligt werden. (B. S. 27.)

3. Die Abkommensversteuerung hat die Natur eines Vergleiches. Dieselbe ist deßhalb hinsichtlich des Anfalles oder der Theile des-

selben, für welche sie bewilligt worden ist, endgültig, und es können, falls sich später ergeben sollte, daß bei derselben der steuerpflichtige Betrag zu hoch oder zu niedrig angenommen wurde, weder Rückerstattungen noch Nachzahlungen verlangt werden.

4. Die Bewilligung der Abkommensversteuerung befreit nur von der Verpflichtung der Vorlage eines Verzeichnisses und der Ermittelung der Masse im Einzelnen. Die Verpflichtung zur Abgabe einer Erbschaftserklärung wird hierdurch nicht berührt.

§ 32.

Die Einziehung der Steuer, die Zulässigkeit und die Form des Rechtswegs für Einwendungen gegen dieselbe sowie für Ansprüche auf Rückerstattung zu Unrecht erhobener Steuern richtet sich nach den bezüglichen Vorschriften über Enregistrementsgebühren.

Durch die Bestimmung des Paragraphen werden die bezüglichen Vorschriften über Enregistrementsgebühren nach zwei Richtungen hin aufrecht erhalten:

A. Bezüglich der Einziehung der Steuer und der Zulässigkeit und der Form der Erhebung von Einwendungen gegen dieselbe auf dem Rechtswege.

B. Bezüglich der Zulässigkeit und der Form der Erhebung von Ansprüchen auf Rückerstattung zu Unrecht erhobener Steuern auf dem Rechtswege.

Zu A.

1. Zunächst kommt hier die Frage in Betracht, wie die Steuer bei der Abgabe der Erbschaftserklärung zu berechnen und einzuziehen ist. Für diese Frage sind die Bestimmungen des § 24 und des durch den § 32 aufrecht erhaltenen Art. 28 des Gesetzes vom 22 Frim. VII maßgebend. Darnach hat der Enregistrementseinnehmer die Steuern an der Hand der durch den Steuerpflichtigen abgegebenen Erbschaftserklärung nach Maßgabe der gesetzlichen Vorschriften zu berechnen und der Steuerpflichtige muß diese Steuern, so wie sie berechnet sind, bezahlen. Einwendungen gegen die Berechnung stehen ihm vorerst nicht zu; nach der ausdrücklichen Vorschrift des angezogenen Art. 28 darf niemand die Zahlung der Steuer theilweise oder vollständig aussetzen unter dem Vorwande, daß er die Richtigkeit des Ansatzes bestreite, oder aus irgend welchem anderen Grunde. Erst wenn die Zahlung geleistet ist, hat der Steuerpflichtige das Recht, die Gebührenberechnung des Enregistrementseinnehmers auf dem Wege der Beschwerde an die Direktivbehörde oder der gerichtlichen Klage auf Rückerstattung zu bestreiten. Vergl. Bem. 5 zu § 24.

2. Weiter kommen die Fälle in Betracht, daß eine Erbschaftserklärung nicht abgegeben worden ist oder daß nach Abgabe einer solchen Unrichtigkeiten oder Unvollständigkeiten derselben entdeckt werden, oder daß aus irgend einem anderen Grunde die nachträgliche Erhebung von Steuern erforderlich wird. In allen diesen Fällen wird, wenn die gütliche Einzahlung nicht erfolgt, die Zwangsbeitreibung

nach den für die Beitreibung der Enregistrementsgebühren maßgebenden Vorschriften vorgenommen. Es ist also gemäß Art. 64 des Gesetzes vom 22 Frim. VII ein durch das Amtsgericht, in dessen Bezirk die Enregistrementseinnehmerei ihren Sitz hat, vollstreckbar zu erklärender Zwangsbefehl zu erlassen. In diesen Zwangsbefehl ist die Steuer aufzunehmen, wie sie an der Hand der der Steuerbehörde zu Gebote stehenden Mittel — wenn erforderlich unter dem Vorbehalt der Erhöhung oder Verminderung — festgestellt worden ist. Auch die etwa in Gemäßheit des § 30 entstandenen Kosten sind aufzunehmen. Vergl. Bem. 3 zu § 30.

Der Zwangsbefehl ist dem Schuldner nach Maßgabe der §§ 152 bis 190 C.-P.-O. zuzustellen. Erhebt dieser keine Einwendungen, so ist der Zwangsbefehl gemäß der Vorschriften der C.-P.-O. über die Zwangsvollstreckung zu vollstrecken. (Vergl. § 17 A.-G. z. d. P.-O.)

Will der Schuldner gegen den im Zwangsbefehl festgestellten Anspruch selbst Einwendungen erheben, so hat er diese durch Klage bei demjenigen Landgerichte geltend zu machen, in dessen Bezirk sich die Enregistrementseinnehmerei befindet, welche den Zwangsbefehl erlassen hat. (Vergl. § 19 A.-G. z. d. P.-O.) Die Klage ist nicht gegen den Enregistrementseinnehmer zu richten, sondern gegen den Direktor der Zölle und indirekten Steuern, welcher den Fiskus in dem Rechtsstreite zu vertreten hat. Dieser ist befugt, den durch den Zwangsbefehl erhobenen Anspruch durch Widerklage zu erweitern; das Oberlandesgericht Colmar hat dies in den Urtheilen vom 11. November 1880, Amtsbl. 1881, S. 16, und vom 11. Januar 1889 anerkannt. In dem Rechtsstreite kann die Verwaltung, um ihrer Beweispflicht zu genügen, von allen Beweismitteln Gebrauch machen, welche nach der Civilprozeßordnung zulässig sind, namentlich auch von der Eideszuschiebung. Dies ist ebenfalls in dem ersten der oben angezogenen Urtheile nebst dem weiteren Grundsatze ausgesprochen, daß das Gericht befugt ist, die Höhe der verheimlichten Beträge unter Würdigung der Umstände nach freier Ueberzeugung festzusetzen. (Vergl. § 260 C.-P.-O.) Diese Grundsätze sind jetzt allgemein und unbestritten anerkannt. Dieselben finden auch — wenn nicht das nach den Vorschriften der Art. 17—19 des Gesetzes vom 22 Frim. VII durchzuführende formale Abschätzungsverfahren in Frage steht, an dessen Ergebniß das Gericht gebunden ist (vergl. die Bem. 2 zu § 30) — Anwendung auf die Ermittelung des Werthes oder Ertrages gemäß § 30. Auch die Eideszuschiebung ist hier nicht unbedingt ausgeschlossen. Das Reichsgericht hat in einem Urtheile vom 12. November 1884 (Entscheidungen in Civilsachen Bd. 15, S. 336) die Eideszuschiebung über den Werth einer Sache für zulässig erklärt, wenn der Schwörende auf Grund der ihm nach seiner Stellung und Lebenserfahrung geläufigen thatsächlichen Verhältnisse die zur Beurtheilung erforderliche Sachkenntniß besitzt.

Gegen das Urtheil des Landgerichts ist die Berufung zulässig.

Das Urtheil des Oberlandesgerichts kann durch Revision angegriffen werden, und zwar im Hinblick auf § 5 9 Ziff. 2 C.-P.-O., § 70, Abs. 3 G.-V.-G. und § 16 A.-G. z. G.-V.-G. ohne Rücksicht auf den Werth des Streitgegenstandes. Jedoch kann die Revision gemäß § 4 V.-O. vom 28. September 1879 nicht auf die Verletzung des Erbschaftssteuergesetzes gestützt werden.

(Verschieden von den Einwendungen, welche sich auf den durch den Zwangsbefehl festgesetzten Anspruch selbst beziehen, sind die Einwendungen, welche die Art und Weise der Zwangsvollstreckung oder das bei derselben vom Gerichtsvollzieher zu beobachtende Verfahren betreffen. Ueber diese entscheidet gemäß § 685 C.=P.=O. das Vollstreckungsgericht § 684 C.=P.=O.)

Uebrigens muß die Verwaltung, um die Steuern beizutreiben, nicht grade mittelst Zwangsbefehls vorgehen. Das Oberlandesgericht Colmar hat in einem Prozesse der Verwaltung durch Urtheil vom 11. Januar 1889 entschieden, daß die Steuerbehörde befugt ist, auf den ihr im Gesetz eingeräumten kürzeren Weg zu verzichten und zur Beitreibung der Gefälle den Weg der ordentlichen Klage zu beschreiten. Dieser letztere Weg wird namentlich in den nicht seltenen Fällen zu wählen sein, in denen die Verwaltung aus irgend einem Grunde die Zwangsvollstreckung nicht sofort betreiben kann oder will und zunächst nur ein Interesse daran hat, eine Sicherung für die künftige Einziehung der geschuldeten Steuer herbeizuführen. In solchen Fällen ist, da der Zwangsbefehl eine gerichtliche Hypothek nicht begründet, auf dem Wege der Klage ein Urtheil zu erwirken, um sodann für die Steuerforderung Hypothekareinschreibung nehmen zu können. Wenn aber der Verwaltung der Weg der Klage zusteht, dann muß ihr, sofern die gesetzlichen Voraussetzungen hiezu vorliegen, auch gestattet sein, in dem durch die §§ 628 ff. C.=P.=O. geordneten Mahnverfahren einen Vollstreckungsbefehl und auf Grund dieses Befehls die Hypothekareinschreibung zu erwirken. Für die Zulässigkeit dieses Mahnverfahrens ist es unerheblich, daß für die Klage im ordentlichen Prozeß gemäß § 70, Abs. 3 G.=V.=G. und § 16 A.=G. z. d. G.=V.=G. das Landgericht ausschließlich zuständig wäre. (Vergl. hierüber v. Wilmowski und Levy, Civilprozeßordnung Anm. 2 zu § 628.)

Wenn sich die Verfolgung nicht gegen den direkten Steuerschuldner (§§ 20 und 21), sondern einen Dritten richten soll, z. B. den Käufer einer Erbschaft, welcher die Bezahlung der Erbschaftssteuer übernommen hat (vergl. Bem. 3 zu § 20), so kann die Steuerbehörde nicht mittelst Zwangsbefehls, sie muß vielmehr auf dem Wege der Klage (beziehungsweise im Mahnverfahren) vorgehen. Würde indessen in einem solchen Falle ein Zwangsbefehl erlassen, so könnte der Schuldner seine Einwendungen gegen die Zulässigkeit der Erlassung eines solchen Zwangsbefehls nicht im Wege der Klage, sondern nur durch sofortige Beschwerde gegen den Beschluß des Amtsgerichts, welcher den Zwangsbefehl für vollstreckbar erklärte, geltend machen. In diesem Sinne hat das Oberlandesgericht zu Colmar durch ein Urtheil vom 15. März 1889 entschieden.

Es bleibt nun noch zu erörtern, welchen Einfluß die Eröffnung eines Konkursverfahrens auf die Einziehung der Steuer ausübt. Hier sind folgende Fälle zu unterscheiden:

a. Ueber den Nachlaß wird das Konkursverfahren eröffnet. (§ 202 K.=O.) Dies kann geschehen, wenn ein Erbe nicht bekannt ist oder wenn der bekannte Erbe unter der Rechtswohlthat des Erbverzeichnisses angenommen hat.

Ist ein Erbe nicht bekannt und es bleibt nach Beendigung des Konkursverfahrens ein Aktivbestand übrig, so ist aus dem in Bem. 3 zu § 1 angegebenen Grunde eine Erbschaftssteuer nicht geschuldet.

Wenn dagegen ein Erbe vorhanden ist, welcher die Erbschaft unter der Rechtswohlthat des Erbverzeichnisses angenommen hat, so hat dieser Erbe von dem nach Beendigung des Konkursverfahrens etwa verbleibenden Aktivbestande, welcher eine Bereicherung für ihn bildet, die Erbschaftssteuer zu entrichten. Die auf Bezahlung dieser Steuer gerichtete Forderung kann aber nicht etwa schon in dem Konkursverfahren angemeldet werden. Nach § 2 K.-O. dient die Konkursmasse zur gemeinsamen Befriedigung aller persönlicher Gläubiger, welche einen zur Zeit der Eröffnung des Verfahrens begründeten Vermögensanspruch an den Gemeinschuldner hatten. Bei dem Konkursverfahren über einen Nachlaß wird letzterer als selbstständiges Vermögensganzes und dessen bisheriger Träger, der Erblasser, als Gemeinschuldner behandelt. Der Anspruch auf die Erbschaftssteuer, welcher erst mit dem Tode des Erblassers entstanden ist, bildet aber keine persönliche Forderung gegen den Erblasser. Die Steuer trifft vielmehr den Erwerber des steuerpflichtigen Anfalles als persönlichen Schuldner. Die Steuerforderung ist somit keine Konkursforderung.

b. Ueber das Vermögen des für die Steuer persönlich haftenden Schuldners (auch die Haftbarkeit der in § 21 genannten Personen ist eine persönliche) ist das Konkursverfahren eröffnet worden.

Hier ist wieder zu unterscheiden, ob die Steuer zur Zeit der Eröffnung des Verfahrens (§ 100 K.-O.) bereits geschuldet war oder nicht.

Im ersteren Fall ist sie eine Konkursforderung und kann im Verfahren geltend gemacht werden. Fällt der Eintritt des die Forderung begründenden Ereignisses in das letzte Jahr vor der Eröffnung des Konkursverfahrens, so genießt die Forderung das Vorrecht gemäß § 54, Z. 2 K.-O.

Hatte die Steuerbehörde vor Eröffnung des Verfahrens behufs Sicherstellung der Steuer an zur Konkursmasse gehörenden Liegenschaften ein Unterpfand oder an beweglichen Gegenständen ein Faustpfand, eine Beschlagnahme oder ein Pfändungspfandrecht erworben, so kann sie gemäß §§ 39, 40 und 41 K.-O. hinsichtlich dieser Vermögensstücke abgesonderte Befriedigung verlangen.

Nach der Eröffnung und während der Dauer des Konkursverfahrens kann gemäß § 11 K.-O. ein Zwangsbefehl gegen den Gemeinschuldner oder den Konkursverwalter nicht erlassen werden.

Durch die Anmeldung einer Konkursforderung wird deren Verjährung unterbrochen. (§ 13 K.-O.)

Bezüglich betagter und bedingter Forderungen wird auf die §§ 58, 59 und 60 K.-O. verwiesen.

Hinsichtlich der Strafen vergl. Bem. 7 zu § 34.

In dem zweiten der obigen Fälle, wenn die Steuer zur Zeit der Eröffnung des Konkursverfahrens noch nicht geschuldet war, bildet die Forderung gemäß § 2 K.-O. keine Konkursforderung. In diesem Falle wird aber in der Regel der Gegenstand des Anfalls, die steuerpflichtige Masse gemäß § 1 K.-O. auch nicht zur Konkursmasse gehören und gemäß § 11 K.-O. dem Zugriff der Konkursgläubiger entzogen sein. Sofern dies zutrifft, kann die Steuerforderung in diese Masse ohne Rücksicht auf das Konkursverfahren vollstreckt werden.

c. Ueber das Vermögen eines Erbstückvermächtniß- oder -Schenknehmers ist das Konkursverfahren nach dem Anfalle eröffnet worden. Dieser haftet nur für die Steuer, welche von dem ihn selbst treffenden

Anfall geschuldet ist. Es kann deßhalb auch nur diese Steuer im Konkursverfahren angemeldet werden.

3. Eine weitere, auf die Einziehung der Steuer bezügliche Vorschrift, welche durch den Paragraphen auch für die Erbschaftssteuer aufrecht erhalten wird, ist Art. 59 des Gesetzes vom 22 Frim. VII. Nach diesem Artikel darf bei persönlicher Verantwortlichkeit keine öffentliche Gewalt, darf weder die Steuerverwaltung noch einer ihrer Beamten Erlaß oder Herabsetzung der nach dem Gesetze geschuldeten Gebühren oder verwirkten Strafen bewilligen, noch deren Beitreibung aussetzen oder aussetzen lassen.

Unter das Verbot dieses Artikels fällt auch die Zurückerstattung von zu Unrecht erhobenen Gebühren nach Eintritt der Verjährung. Bezüglich des Erlasses der Strafen vergl. § 36 und Bem. 3 zu demselben.

Zu B.

1. Der Anspruch auf Zurückerstattung zu Unrecht erhobener Steuern kann entweder auf dem Verwaltungs- oder dem Rechtswege geltend gemacht werden. Auf dem Verwaltungswege ist die Beschwerde innerhalb der Verjährungsfrist an die Direktivbehörde zu richten, gegen deren Entscheidung eine weitere Beschwerde an das Ministerium zulässig ist.

Will der Steuerpflichtige den Rechtsweg betreten, so hat er Klage zu erheben, für welche gemäß § 70, Abs. 3 G.-V.-G. und § 16 A.-G. z. d. G.-V.-G. das Landgericht ohne Rücksicht auf den Werth des Streitgegenstandes ausschließlich zuständig ist. Die Klage ist gegen den Direktor der Zölle und indirekten Steuern zu richten. (Vergl. vorstehende Bem. A 2.) Da dieser seinen Sitz zu Straßburg hat, so wäre ohne Rücksicht auf den Sitz der Einnehmerei, welche die angeblich zu Unrecht erhobenen Steuern vereinnahmt hat, gemäß § 20 und 12 C.-P.-O. das Landgericht zu Straßburg zuständig für alle Rückerstattungsklagen. Der Direktor hat indessen in den Fällen, in welchen eine solche Klage bei einem der anderen Landgerichte erhoben worden ist, die Zuständigkeit dieser Gerichte stillschweigend anerkannt.

Bezüglich der Rechtsmittel, welche gegen das landgerichtliche Urtheil u. s. w. zulässig erscheinen, vergl. das in vorstehender Bem. A 2 Gesagte.

Die Rückerstattungsklage ist auch dann zulässig, wenn der Steuerpflichtige nach der Zustellung eines Zwangsbefehls zur Vermeidung der Zwangsvollstreckung die angeforderte Summe bezahlt hat.

Wird die Verwaltung zur Rückerstattung der Steuer verurtheilt, so hat sie von den zu viel erhobenen Steuern Zinsen nicht zu entrichten, da die Rechtsprechung, welcher sich auch das Oberlandesgericht Colmar in einem Urtheil vom 21. Januar 1887 (Amtsbl. 1888, S. 635) angeschlossen hat, dahin festgestellt ist, daß Art. 1153 und 1377 B.-G.-B. auf das ausschließlich dem öffentlichen Recht angehörige Gebiet keine Anwendung zu finden haben, und Steuern, sowohl direkte als indirekte, ohne eine ausdrückliche Bestimmung des Gesetzes in ihrem Betrage weder eine Erhöhung noch eine Abminderung erleiden dürfen.

2. Aus der Fassung des Paragraphen könnte gefolgert werden, daß auch die Bestimmung des Art. 60 des Gesetzes vom 22 Frim. VII über die Unzulässigkeit der Rückforderung bezahlter Steuern in Folge

späterer Ereignisse auf die Erbschaftssteuer Anwendung finde. Die Begründung S. 27 hebt aber hervor, daß dies nicht der Fall ist, indem sie darauf hinweist, daß das Erbschaftssteuergesetz von entgegengesetzten Grundsätzen ausgeht, wie sich schon aus §§ 15 Abs. 2, 16 Abs. 2, 17 Abs. 1, sowie aus § 33 Ziff. 6 ergibt.

Daß aber, abgesehen von den Fällen, in denen später eintretende Ereignisse einen gesetzlichen Anspruch auf Rückerstattung begründen, keine öffentliche Gewalt die Zurückgabe von Erbschaftssteuern bewilligen kann, die nach dem Gesetze geschuldet sind, ergibt sich aus der Vorschrift des Art. 59 des Gesetzes vom 22 Frim. VII, welcher auch auf die Einziehung der Erbschaftssteuer Anwendung findet. (Vergl. vorstehende Bem. A 3.) Bei der Prüfung der Frage, ob eine Steuer, welche auf eine Erbschaftserklärung erhoben worden ist, als gesetzlich geschuldet erachtet werden muß, ist nach feststehender Rechtssprechung lediglich zu untersuchen, ob der Enregistrementseinnehmer auf die Erklärung den Tarifsatz und die sonst maßgebenden gesetzlichen Bestimmungen richtig angewendet hat. Ist dies der Fall, dann muß die erhobene Steuer als gesetzlich geschuldet betrachtet werden. Die Steuerpflichtigen sind demnach an die einmal abgegebene Erbschaftserklärung gebunden und es steht ihnen selbst dann ein Anspruch auf Rückerstattung nicht zu, wenn sie später den Nachweis erbringen können, daß in der Erbschaftserklärung Irrthümer enthalten sind, bei deren Berichtigung sich ein geringerer als der zur Erhebung gelangte Steuerbetrag ergeben würde. Diese gesetzliche Regel kann im einzelnen Falle unverkennbare Härten für die Steuerpflichtigen im Gefolge haben, es ist deßhalb in der Praxis der Verwaltung die Befugniß zuerkannt worden, die Rückerstattung solchergestalt erhobener und als gesetzlich geschuldet zu erachtender Steuern ausnahmsweise in den Fällen anzuordnen, in welchen die Steuerpflichtigen den Nachweis zu erbringen vermögen, daß in der Erbschaftserklärung hinsichtlich der auf den Anfall bezüglichen thatsächlichen Verhältnisse Irrthümer enthalten sind. In allen solchen Fällen muß aber unzweifelhaft feststehen, daß in der That ein Irrthum und nicht bloß eine Nachlässigkeit seitens des Steuerpflichtigen vorliegt. So wird beispielsweise dem Antrag auf nachträglichen Abzug einer Schuld oder Last, die dem Steuerpflichtigen bei Abgabe der Erbschaftserklärung schon bekannt war, aber trotzdem nicht von der steuerpflichtigen Masse in Abzug gebracht wurde, nicht entsprochen werden dürfen. Vergl. Bem. 6 zu § 15.

Daß im Uebrigen ein auf das Vorhandensein eines thatsächlichen Irrthums gestütztes Rückerstattungsgesuch nach Ablauf der in § 33 Ziffer 6 bestimmten Verjährungsfrist nicht mehr berücksichtigt werden kann, ist selbstverständlich.

§ 33.

Die Verjährung tritt ein:

1. Für die Berichtigung und Ergänzung einer unrichtigen oder unvollständigen Berechnung der Erbschaftssteuer innerhalb 2 Jahren vom Tage der Entrichtung der Steuer ab;

2. für Nachforderungen in Folge unrichtiger Werth- oder Ertragsangaben gleichfalls innerhalb 2 Jahren;
3. für Nachforderungen in Folge anderweitiger unrichtiger und unvollständiger Erklärungen innerhalb 5 Jahren;
   zu 2 und 3 vom Tage der Abgabe der Erklärung ab;
4. für Nachforderungen in den Fällen der §§ 15—17 innerhalb 10 Jahren vom Tage des Eintritts des die Anforderung begründenden Ereignisses ab;
5. für den Anspruch auf Versteuerung von Anfällen, für welche eine Erklärung noch nicht erfolgt ist, innerhalb 10 Jahren vom Tage des Anfalls ab;
6. für den Anspruch auf Rückerstattung erhobener Steuern innerhalb 2 Jahren vom Tage der Zahlung, sofern aber der Grund der Rückerstattung erst später eingetreten ist, vom Tage des Eintritts desselben ab.

Solange und soweit für einen Anspruch eine Sicherheit bestellt ist, ruht die Verjährung. Die Verjährung wird unterbrochen in den Fällen der Ziffern 1—5 durch Zustellung eines Zwangsbefehls, im Falle der Ziffer 6 durch Zustellung einer Rückforderungsklage.

1. Die in dem Paragraphen enthaltenen Bestimmungen über die Verjährung sind sachlich dieselben, wie nach dem bisherigen Rechte. Nur die Bestimmung des Art. 26 des Gesetzes vom 8. Juli 1852, nach welcher die Steuer für die Vererbung von Staatsrenten erst in 30 Jahren verjährt, ist nicht wiederholt (B. S. 27). Es finden deßhalb auch auf die Staatsrenten die Vorschriften des Paragraphen Anwendung.

Zu den einzelnen Bestimmungen ist folgendes zu bemerken.

Zu Ziffer 1.

Diese Bestimmung hat zunächst den Fall zum Gegenstand, daß der Steuerpflichtige eine Erbschaftserklärung abgegeben, der Enregistrementseinnehmer aber die nach dem Inhalt dieser Erklärung geschuldete Steuer aus Versehen oder irrthümlicher Rechtsanschauung oder einem sonstigen Grunde unrichtig (z. B. durch Anwendung eines falschen Tarifsatzes) oder unvollständig (z. B. indem er in Folge eines Rechenfehlers die Steuer niedriger festsetzte, als sie zu erheben war) berechnete. In diesem Falle läuft die zweijährige Frist vom Tage der Entrichtung der Steuer ab, welcher gemäß § 24 mit dem Tag der Abgabe der Erbschaftserklärung zusammenfällt.

Weiter begreift die Vorschrift der Ziffer 1 den Fall, daß nach Abgabe der Erbschaftserklärung aus einem nicht auf ein Versehen des Enregistrementseinnehmers, sondern das Verhalten des Steuerpflichtigen zurückzuführenden Grunde auf die Erbschaftserklärung eine Nachforderung nothwendig wird und der Einnehmer die Berechnung dieser nachträglich geschuldeten Steuer unrichtig oder unvollständig vornimmt. In einem solchen Falle kann die Berichtigung und Ergänzung der Berechnung innerhalb 2 Jahren vom Tag der Entrichtung der nachträglich angeforderten Steuer vorgenommen werden.

Beispiele:

a) In einer am 1. November 1889 abgegebenen Erbschaftserklärung ist der Werth des Nachlasses, welcher Kindern angefallen ist, zu 20000 Mark angegeben. In Folge des gemäß § 30 eingeleiteten Ermittelungsverfahrens wird dieser Werth auf 30000 Mark festgesetzt. Die Erben haben also nachträglich noch den Unterschied mit 10000 Mark zu versteuern. Die Steuer hiefür beträgt 100 Mark. Am 2. Oktober 1891 wird den Steuerpflichtigen ein Zwangsbefehl zugestellt, in welchem der Enregistrementseinnehmer als Grundlage der Berechnung zwar den Betrag von 10000 Mark, aus Versehen aber die geschuldete Steuer nur zu 60 Mark angegeben hat. Letzterer Betrag wird am 10. November 1891 bezahlt. Innerhalb 2 Jahren von letzterem Tage ab können die aus Versehen nicht zur Einziehung gelangten 40 Mark nachträglich eingezogen werden.

b) Am 15. Oktober 1889 wird eine Erbschaftserklärung abgegeben. In Folge des gemäß § 30 eingeleiteten Ermittelungsverfahrens wird festgestellt, daß der ermittelte Werth den in der Erbschaftserklärung angegebenen um mehr als ein Achtel übersteigt. Der Enregistrementseinnehmer setzt danach die nachträglich geschuldeten Steuern fest. Am 1. Oktober 1891 läßt er für diese Steuer einen Zwangsbefehl zustellen, in welchen er aber aus Versehen die Kosten der durch ihn vorgenommenen Erhebungen, welche gemäß § 30 dem Steuerpflichtigen zur Last fallen, nicht mit aufgenommen hat. Am 1. Dezember 1891 wird die im Zwangsbefehl angeforderte Steuer bezahlt. Innerhalb 2 Jahren von diesem Tage ab können die irrthümlich nicht angeforderten Kosten noch eingezogen werden. Es könnte allerdings gegen diese Auffassung eingewendet werden, daß diese Kosten in dem Paragraphen nicht erwähnt sind und daß deßhalb bezüglich der Verjährung derselben nicht die abgekürzte Verjährungsfrist, sondern die allgemeine Frist des Art. 2262 B.-G.-B. Anwendung zu finden habe; allein wenn man diese Kosten als einen Nebenbestandtheil der Steuerforderung betrachtet (Bem. 3 zu § 30), so muß man folgerichtig auch hinsichtlich der Verjährung die für die Steuer selbst maßgebenden Verjährungsfristen als anwendbar erklären.

Zu Ziffer 2.

Nach Ziffer 2 und dem Schlußsatz von Ziffer 3 tritt die Verjährung für die Nachforderungen infolge unrichtiger Werth- oder Ertragsangaben innerhalb 2 Jahren vom Tag der Abgabe der Erbschaftserklärung ab ein. Innerhalb dieser Frist muß also das in § 30 vorgesehene Ermittelungsverfahren durchgeführt und der auf Grund des Ergebnisses desselben zu erlassende Zwangsbefehl zugestellt sein.

Zu Ziffer 3.

Die Vorschrift der Ziffer 3 bezieht sich auf Nachforderungen infolge anderweitiger unrichtiger und unvollständiger Erklärungen.

Unrichtig im Sinne dieser Vorschrift ist eine Erklärung beispielsweise dann, wenn Schulden angegeben und in Abzug gebracht worden sind, welche am Todestag des Erblassers nicht, oder nicht mehr, oder doch nicht in der angegebenen Höhe bestanden haben; wenn der Grad, in welchem der Erbe mit dem Erblasser verwandt ist, oder in den Fällen der §§ 6 u. 7 der Wohnsitz des Erblassers oder des Erben, oder in dem Falle des § 11 das Lebensalter der betreffenden Person unrichtig angegeben sind und in Folge dessen eine zu niedrige Besteuerung eingetreten ist.

Unvollständig im Sinne der Ziffer 3 ist die Erklärung dann, wenn nicht alle auf den Anfall bezüglichen thatsächlichen Verhältnisse angegeben sind, welche für die Feststellung der Steuern von Bedeutung sind. Hier kommen hauptsächlich die Auslassungen von Vermögensstücken des Nachlasses in Betracht. Die Verjährungsfrist beträgt für die in Ziffer 3 behandelten Fälle 5 Jahre vom Tag der Abgabe der Erbschaftserklärung ab.

Zu Ziffer 4.

In Ziffer 4 sind besondere Vorschriften enthalten für die Fälle der §§ 15—17 und zwar bezüglich der Nachforderungen, die sich nach diesen Paragraphen ergeben können. Die Verjährung für diese Nachforderungen tritt ein innerhalb 10 Jahren vom Tage des Eintrittes des die Anforderung begründenden Ereignisses.

Solche Nachforderungen stehen in Frage:

a) Wenn gemäß § 15 Abs. 1 die Steuer für unsichere Forderungen und andere zur sofortigen Werthsermittelung nicht geeignete Gegenstände vorerst nach dem von dem Steuerpflichtigen vorgeschlagenen Werthe berechnet und die Berichtigung des Werthansatzes bis zum Ausgang derjenigen Verhandlungen vorbehalten bleibt, von welchen die Bezahlung der Forderung beziehungsweise die Werthsermittelung abhängt. Der Ausgang dieser Verhandlung ist das die etwaige Nachforderung begründende Ereigniß und hat demnach den Beginn des Fristenlaufes zur Folge. Wird beispielsweise ein Konkursverfahren, das bei Abgabe der Erbschaftserklärung über das Vermögen des Schuldners einer als unsicher bezeichneten Forderung eröffnet war, später gemäß § 151 K.-O. nach der Abhaltung des Schlußtermins durch Gerichtsbeschluß aufgehoben, so läuft die Frist von dem Tage, an welchem dieser Beschluß erlassen worden ist;

b) wenn gemäß § 15 Abs. 2 ungewisse oder noch unbekannte Ansprüche der Masse bei der Berechnung der Steuer außer Berücksichtigung geblieben sind. Die Verjährungsfrist läuft von dem Tage ab, an welchem diese Ansprüche später zur Verwirklichung beziehungsweise Kenntniß gelangen;

c) wenn der Anfall Vermögen begreift, dessen Erwerb von dem Eintritt einer aufschiebenden Bedingung abhängt oder auf einen Anfangstermin, dessen Eintritt ungewiß ist, hinausgerückt ist und daher gemäß § 16 Abs. 1 zunächst der Besteuerung nicht unterliegt. Die Verjährungsfrist läuft, wenn die Bedingung oder der Anfangstermin eintritt, vom Tage dieses Eintritts ab;

d) wenn gemäß § 17 Abs. 2 Lasten, deren Fortdauer von einer auflösenden Bedingung oder einem unbestimmt eintretenden Endtermin abhängig ist, wie unbedingte in Abzug gebracht worden sind. Tritt die Bedingung oder der Endtermin ein, so läuft die Verjährung vom Tage dieses Eintritts an.

Auf die Rückerstattungsansprüche, welche sich gemäß der §§ 15 bis 17 ergeben können, bezieht sich die Bestimmung der Ziffer 4 nicht. Diese Ansprüche unterliegen vielmehr der Vorschrift der Ziffer 6.

Zu Ziffer 5.

Durch die Bestimmung der Ziffer 5 ist die Verjährung für den Anspruch auf Versteuerung von Anfällen, für welche eine Erklärung noch nicht abgegeben worden ist, auf 10 Jahre vom Tage des Anfalls ab festgesetzt. Hierher gehört auch der Fall, daß die Erklärung bei einer unzuständigen Enregistrementseinnehmerei abgegeben wurde. Vergl. Bem. 3 zu § 24.

Zu Ziffer 6.

Nach Ziffer 6 tritt die Verjährung für alle Ansprüche auf Rückerstattung ohne Ausnahme nach 2 Jahren ein. Die Frist läuft in der Regel vom Tage der Zahlung ab, sofern aber der Grund der Rückerstattung erst später eingetreten ist, vom Tage des Eintritts dieses Grundes ab.

Beispiele:

a) Der Steuerpflichtige hat eine Erbschaftserklärung abgegeben und die von dem Enregistrementseinnehmer berechnete Steuer bezahlt. Für den etwaigen Rückerstattungsanspruch läuft die Verjährungsfrist vom Tage der Erbschaftserklärung ab, wenn der Grund der Rückerstattung schon an diesem Tage bestand.

b) Der Steuerpflichtige hat nach Abgabe der Erbschaftserklärung eine ihm wegen einer Auslassung nachträglich angeforderte weitere Steuer bezahlt. Die Verjährungsfrist für den Anspruch auf gänzliche oder theilweise Rückerstattung dieser nachträglich bezahlten Steuer läuft vom Tage der Zahlung derselben, wenn der Grund der Rückerstattung schon an diesem Tage bestand.

c) Zu dem Nachlasse eines Erblassers, welcher zur Zeit seines Todes seinen Wohnsitz nicht in Elsaß-Lothringen hatte, gehören elsaß-lothringische Staatsrenten. Der eine deutsche Staatsangehörigkeit nicht besitzende Erbe hat die Steuer für diese Renten bezahlt, da er im Augenblick der Abgabe der Erbschaftserklärung nicht in der Lage war, den nach § 6 erforderlichen Nachweis zu erbringen, daß in dem Heimathsstaate des Erblassers die zu einem elsaß-lothringischen Nachlaß gehörenden Staatsrenten jenes Landes steuerfrei sind. Die Verjährung für die nachträgliche Erbringung dieses Beweises und den hierdurch begründeten Anspruch auf Rückerstattung der Steuer läuft vom Tage der Erbschaftserklärung ab. Vergl. Bem. 3 zu § 6.

d) Ein Erbe, welcher gemäß § 7 befugt ist, eine im Ausland geschuldete und erweislich bezahlte Steuer von der inländischen Steuer in Abzug zu bringen, hat diesen Abzug bei Abgabe der Erbschaftserklärung noch nicht verlangen können, da er die im Ausland geschuldete Steuer noch nicht bezahlt hatte. Zahlt er dieselbe später, so läuft die Frist für den Rückerstattungsantrag von dem Tag der im Ausland geschehenen Zahlung ab. Vergl. Bem. 3 zu § 7.

e) Gemäß § 15 Abs. 1 ist die Steuer für unsichere Forderungen und andere zur sofortigen Werthsermittelung nicht geeignete Gegenstände vorerst nach dem von dem Steuerpflichtigen vorgeschlagenen Werthe berechnet und die Berichtigung des Werthansatzes vorbehalten worden. Ergibt sich beim Ausgang derjenigen Verhandlungen, von welchen die Bezahlung der Forderung oder die Werthsermittelung abhängt, ein Anspruch des Steuerpflichtigen auf Rückerstattung, so läuft die Verjährungsfrist für diesen Anspruch vom Ausgange der bezeichneten Verhandlungen ab. Vergl. das Beispiel a in der Bem. zu vorstehender Ziffer 4.

f) Gemäß § 15 Abs. 2 sind ungewisse oder noch unbekannte Ansprüche an die Masse bei der Berechnung der Steuer außer Berücksichtigung geblieben. Die Verjährungsfrist für den sich etwa ergebenden Rückerstattungsanspruch läuft von dem Tage ab, an welchem die Ansprüche später zur Verwirklichung, beziehungsweise Kenntniß gelangen.

g) Wenn der Anfall Vermögen begreift, dessen Erwerb unter einer auflösenden Bedingung oder mit einem Endtermin erfolgt ist, dessen Eintritt nicht bestimmt ist, so wird gemäß § 16 Abs. 2 die Steuer zunächst wie von unbedingt erworbenem Vermögen erhoben. Tritt die Bedingung oder der Endtermin ein, so läuft die Verjährungsfrist für den hierdurch begründeten Rückerstattungsanspruch vom Tage dieses Eintrittes ab.

h) Ebenso läuft im Falle des § 17 Abs. 1 die Frist für die Verjährung des sich etwa ergebenden Rückerstattungsanspruchs vom Tage des Eintrittes der Bedingung oder des Anfangstermines.

2. Bezüglich der Art und Weise der Berechnung der Fristen vergl. § 37 und die Bemerkungen zu diesem Paragraphen.

3. Die Verjährungsfristen laufen auch dann gegen den Anspruchsberechtigten, wenn derselbe außer Stande ist, sich von dem Bestehen des Anspruchs Kenntniß zu verschaffen. Die Rechtsregel: Contra agere non valentem non currit praescriptio wird von der neueren Lehre und Rechtsprechung für den code civil nicht anerkannt. Vergl. Zachariä-Dreyer, franz. Civilrecht Bd. 1, S. 604 Anm.*) In diesem Sinne hat auch das Landgericht Saargemünd in einem Prozesse der Verwaltung durch Urtheil vom 11. November 1885 entschieden (Amtsbl. 1888, S. 628). Wenn also beispielsweise im Falle des § 16 Abs. 1 die Versteuerung von Vermögen, dessen Erwerb von dem Eintritt einer aufschiebenden Bedingung abhing, ausgesetzt blieb, ohne daß Sicherstellung verlangt wurde und es tritt die Bedingung später ein, ohne daß die Verwaltung hievon Kenntniß erhielt, so läuft trotzdem die Verjährungsfrist vom Tage dieses Eintrittes an und wenn seit diesem Tage 10 Jahre verflossen sind, so kann der Anforderung der Steuer die Einrede der Verjährung entgegengesetzt werden.

4. Diejenige Partei, welche einem Anspruch gegenüber die Einrede der Verjährung vorschützt, hat den Eintritt der Thatsache zu beweisen, welche den Beginn des Fristenlaufes zur Folge hatte. Handelt es sich um einen Anspruch auf Rückerstattung, so hat die Verwaltung, da der Lauf der Frist in der Regel vom Tage der Zahlung an beginnt, nur den Tag der geschehenen Zahlung nachzuweisen. Behauptet dagegen der

Steuerpflichtige, daß erst nach der Zahlung ein Grund der Rückerstattung eingetreten sei, so hat er seinerseits den Beweis für diese Behauptung zu erbringen.

5. So lange und soweit für einen Anspruch eine Sicherheit bestellt ist, ruht die Verjährung, d. h. die Zeit, während welcher die Sicherheit bestellt war, darf bei Berechnung der Verjährungsfrist nicht mitgerechnet werden.

Beispiel: Der Erblasser ist am 1. Oktober 1889 gestorben. Vor Ablauf der sechsmonatlichen Frist zur Abgabe der Erbschaftserklärung suchen die Erben um Verlängerung derselben nach, welche auch gegen Sicherstellung bis zum 1. Juli 1890 bewilligt wird. Am 1. April 1890 erfolgt die Sicherstellung. Diese wird am 1. Oktober 1890 versehentlich zurückgegeben, ohne daß die Abgabe der Erbschaftserklärung erfolgt ist. Die 10jährige Frist für den Anspruch auf Versteuerung des nicht erklärten Anfalls ist in folgender Weise zu berechnen. Wäre die Sicherheit nicht bestellt gewesen, so würde die Verjährung mit dem Ablauf des 1. Oktober 1899 eingetreten sein. Die Sicherheit bestand vom 1. April bis 1. Oktober 1890, also 6 Monate. Diese 6 Monate sind bei der Berechnung der Verjährungsfrist nicht mitzurechnen. Diese ist somit vom 1. Oktober 1899 ab um weitere 6 Monate verlängert und läuft erst mit dem 1. April 1900 ab.

Die Verjährung ruht nur, soweit Sicherheit bestellt war. Ist der Betrag der sicher zu stellenden Steuer höher als die geleistete Sicherheit, so ruht die Verjährung hinsichtlich des Anspruchs auf den Unterschied zwischen dem Betrag der Sicherheit und dem der Steuer nicht. Vergl. die allg. Bem. zu §§ 16 u. 17.

6. Bezüglich der Nachforderungen in den Fällen der Ziffern 1—5 wird die Verjährung unterbrochen durch die Zustellung eines Zwangsbefehles. Sind mehrere Schuldner vorhanden, welche sammtverbindlich für die geschuldeten Steuern haften, so genügt die Zustellung an einen derselben. Haften dagegen die Schuldner nicht sammtverbindlich, so muß jedem derselben der Zwangsbefehl zugestellt werden, um die Verjährung gegen alle zu unterbrechen.

Die in dem Schlußsatze des Art. 61 des Gesetzes vom 22. Frim. VII enthaltene Bestimmung, daß die Verjährung unwiderruflich eintritt, wenn nach Zustellung des Zwangsbefehls die eingeleitete Verfolgung während eines Jahres unterbrochen bleibt, ohne daß Rechtshängigkeit vor dem zuständigen Gerichte eingetreten ist, sollte auch die ursprüngliche Verjährungsfrist noch nicht abgelaufen sein, ist in dem Paragraphen nicht enthalten und findet, da der bezeichnete Art. 61 durch § 38 hinsichtlich der Erbschaftssteuer aufgehoben ist, auf letztere keine Anwendung mehr. Es ist deßhalb auch in den Fällen, wie sie der Schlußsatz des Art. 61 im Auge hat, von der Erneuerung des Zwangsbefehls vor Ablauf eines Jahres, wie sie bisher vielfach gebräuchlich war, abzusehen.

Ist über das Vermögen des Steuerschuldners das Konkursverfahren eröffnet, so ist der Erlaß eines Zwangsbefehls, auch wenn damit lediglich die Unterbrechung der Verjährung beabsichtigt wird, gemäß § 11 K.-O. unzulässig. In einem solchen Falle wird die Verjährung gemäß § 13 K.-O. durch Anmeldung der Forderung im Konkursverfahren unterbrochen. Vergl. die Bem. A. 2b zu § 32.

Die Verjährung eines Rückerstattungsanspruchs im Falle der Ziffer 6 wird unterbrochen durch Zustellung einer Rückforderungsklage. Vergl. hierüber die Bem. B. 1 zu § 32.

7. Nach den bestehenden Verwaltungsgrundsätzen kann die Verwaltung nicht auf die Geltendmachung der Verjährungseinrede verzichten.

V. Abschnitt.

Strafbestimmungen und Strafverfahren.

§ 34.

Wer die Verpflichtung zur Abgabe der Erbschaftssteuererklärung und Vorlage des Masseverzeichnisses (§§ 24 u. 25) nicht rechtzeitig erfüllt, hat außer der Gebühr die Hälfte derselben zu entrichten.

Wer den Werth oder Ertrag solcher Gegenstände, zu deren Angabe er verpflichtet ist, wissentlich zu gering angibt, hat außer der Gebühr den einfachen Betrag derselben zu entrichten.

Wer über Thatsachen, welche auf die Steuerpflichtigkeit, die Höhe des Steuersatzes oder des Steuerbetrages von Einfluß sind, unrichtige Angaben macht, sowie wer zu einem steuerpflichtigen Anfalle gehörige Gegenstände, zu deren Angabe er verpflichtet ist, verschweigt, hat außer der Gebühr den doppelten Betrag derselben zu entrichten.

Ist in dem Falle des Absatzes 1 nach den obwaltenden Umständen anzunehmen oder kann der Beschuldigte nachweisen, daß die rechtzeitige Erfüllung der Verpflichtung nicht in der Absicht der Steuerhinterziehung unterlassen worden ist, so tritt anstatt der obigen Geldstrafe nur eine Ordnungsstrafe bis zu 150 *M.* ein.

Gleiches geschieht, wenn in Fällen des Absatzes 3 die unrichtigen oder unvollständigen Angaben noch vor der Zahlungsaufforderung berichtigt oder vervollständigt werden.

Eine Bestrafung findet nicht statt, wenn der Pflichtige unter eidesstattlicher Versicherung (§ 29) seine Angaben berichtigt.

1. Die strafbaren Handlungen sind im Wesentlichen die gleichen, wie nach dem bisherigen Rechte. (B. S. 28).

Zu den einzelnen Bestimmungen des Paragraphen ist Folgendes zu bemerken.

Zu Absatz 1.

Diese Bestimmung behandelt den Fall der Fristversäumniß bei Abgabe der Erbschaftserklärung. Die Strafe für diese Versäumniß beträgt, wie nach dem bisherigen Rechte, die Hälfte der einfachen Gebühr.

Die Vorschrift des Abs. 1 bedroht nur die nicht rechtzeitige Abgabe der Erklärung mit Strafe; ist die Erklärung rechtzeitig erfolgt, wenn auch bei einer nicht zuständigen Einnehmerei, so kann eine Strafe nicht ausgesprochen werden, obschon diese Erklärung in anderer Beziehung als nicht abgegeben zu betrachten ist. Vergl. die Bemerkung 3 zu § 24 und das dort angezogene Urtheil des Reichsoberhandelsgerichts.

Zu Abs. 2.

Diese Bestimmung betrifft die ungenügende Angabe des Werthes oder Ertrages der zum Nachlasse gehörenden Gegenstände, und zwar aller Gegenstände, zu deren Angabe der Steuerpflichtige verpflichtet ist. Es sind dies in der Regel nur diejenigen Vermögensbestandtheile, welche gemäß §§ 5–7 der inländischen Steuer unterliegen, doch kann auch der Werth oder Ertrag solcher Gegenstände in Betracht kommen, welche gemäß der angezogenen Paragraphen steuerfrei sind, sofern nämlich aus irgend einem Grunde diese steuerfreien Vermögensstücke für die Feststellung der Steuer von Bedeutung sind. Dies ist beispielsweise der Fall, wenn Schulden in Abzug gebracht werden, welche theilweise auf diesem steuerfreien Theile der Masse haften (§ 8) und deßhalb in entsprechendem Verhältniß auf dieselbe angerechnet werden müssen.

Die Strafe für die ungenügende Angabe des Werthes oder Ertrages, ist, wie nach dem bisherigen Rechte, gleich der einfachen Gebühr. Dieselbe ist auszusprechen ohne Rücksicht auf die Höhe des Unterschiedes zwischen dem in der Erbschaftserklärung angegebenen und dem später ermittelten Werthe oder Ertrage; eine Beschränkung, wie sie § 30 bezüglich der Verpflichtung zum Kostenersatz vorsieht, enthält der Paragraph nicht.

Zu Absatz 3.

Zu den unrichtigen Angaben von Thatsachen, welche auf die Steuerpflichtigkeit von Einfluß sind, gehört beispielsweise die falsche Angabe des Wohnsitzes des Erblassers oder des Erben. (§§ 6 u. 7).

Zu den unrichtigen Angaben von Thatsachen, welche auf die Höhe des Steuersatzes von Einfluß sind, ist beispielsweise die unrichtige Angabe des Grades, in welchem der Erbe mit dem Erblasser verwandt ist, zu rechnen.

Zu den unrichtigen Angaben von Thatsachen, welche auf die Höhe des Steuerbetrages von Einfluß sind, gehören beispielsweise die Anmeldung nicht mehr oder nur in geringerem Betrag bestehender Schulden (V. S. 28); unrichtige Angaben des Alters einer Person, mit deren Leben eine Nutzung oder Leistung erlischt (§ 11); falsche Angaben hinsichtlich des Verhältnisses, nach welchem die Schulden auf dem steuerpflichtigen und dem steuerfreien Vermögen haften, ob ausschließlich, vorzugsweise oder nur verhältnißmäßig. (§ 8).

(Der Nichtabzug bestehender Schulden in dem Falle, in welchem sich hieraus eine Minderung der Steuer ergibt (§ 9) ist gestattet. V. S. 28).

Unter die Bestimmung des Abs. 3 fällt weiter die Verheimlichung von Vermögensgegenständen, die zu dem steuerpflichtigen Anfall gehören, und zwar kommen alle diejenigen Gegenstände in Betracht, zu deren Angabe der Steuerpflichtige verpflichtet ist. Es sind dies in der Regel nur diejenigen Sachen, welche gemäß der §§ 5—7 der inländischen Steuer unterliegen; doch können aus dem in vorstehender Bem. zu Abs. 2 angegebenen Grunde auch solche Vermögensstücke den Gegenstand einer strafbaren Verheimlichung bilden, welche gemäß der eben angezogenen Paragraphen steuerfrei sind.

Während nach dem bisherigen Rechte die Strafe für die in Abs. 3 behandelten Hinterziehungen das Einfache der Steuer betrug, ist sie jetzt auf das Doppelte der einfachen Gebühr festgesetzt. Wenn demnach beispielsweise die hinterzogene Steuer 10 ℳ. beträgt, beläuft sich die Strafe auf 20 ℳ.

2. Wie nach dem bisherigen Rechte, so ist auch jetzt die Strafe für die Hinterziehungen in der Regel nicht auf den Fall beschränkt, daß der Steuerpflichtige die Absicht der Schädigung des Steuerfiskus besessen hat. (B. S. 28). Nur in einem einzigen Falle räumt das Gesetz dem Mangel dieser Absicht bei Prüfung der Frage, ob eine strafbare Handlung vorliegt oder nicht, einen entscheidenden Einfluß ein. Bei den unrichtigen Werthangaben (Abs. 2 des Paragraphen) ist die Strafbarkeit an die Voraussetzung geknüpft, daß diese Angaben wissentlich unrichtig gemacht worden sind. Fehlt es an dieser Voraussetzung, beruhen die unrichtigen Angaben nur auf Nachlässigkeit, Unkenntniß oder dergl., so liegt eine strafbare Hinterziehung nicht vor. In der Begründung dieser im Gegensatz zu dem bisherigen Recht stehenden Vorschrift ist darauf hingewiesen (S. 28), daß sie nothwendig erschien, weil die Schätzung der Liegenschaften zumeist schwierig ist.

In allen anderen Fällen ist die Strafbarkeit nicht durch den Nachweis der böswilligen Absicht bedingt; ein in der Kommissionsberathung gestellter Antrag, die Strafbarkeit der Fälle des Abs. 3 von dem Nachweis dieser Absicht abhängig zu machen, wurde abgelehnt. B. K. S. 11. Das Gesetz gestattet indessen, in einem einzigen Falle bei Bemessung der Strafe auf den Mangel dieser Absicht Rücksicht zu nehmen. Bei der Fristversäumniß tritt nämlich, wenn nach den obwaltenden Umständen anzunehmen ist, oder wenn der Beschuldigte nachweisen kann, daß die rechtzeitige Erfüllung der Verpflichtung zur Abgabe der Erbschaftserklärung nicht in der Absicht der Steuerhinterziehung unterlassen worden ist, daß die Zuwiderhandlung also auf Unkenntniß des Gesetzes oder auf ein Versehen zurückzuführen ist, statt der Strafe der Hälfte der Steuer nur eine Ordnungsstrafe bis zu 150 ℳ. ein. (Der Entschuldigungsgrund der Unkenntniß des Gesetzes wird indessen den Beschuldigten, die in Elsaß-Lothringen ihren Wohnsitz haben, in der Regel versagt werden müssen). Sind mehrere Personen vorhanden, die zur Abgabe der Erbschaftserklärung verpflichtet waren, Miterben u. s. w., so muß anzunehmen oder nachgewiesen sein, daß allen Betheiligten die böswillige Absicht gefehlt hat, um die Anwendung der Ordnungsstrafe zu rechtfertigen. Desgleichen genügt, wenn die Erklärung durch eine der in § 21 Genannten abgegeben wurde, der Nachweis nicht, daß dem Erben oder sonstigen am Nachlaß Betheiligten die bezeichnete Absicht mangelte; es ist auch die Absicht des gesetzlichen Vertreters u. s. w. in Berücksichtigung zu ziehen. Dies folgt aus der Bestimmung des § 26, nach welcher die sämmtlichen Theilnehmer an einer Erbschaft u. s. w. nur dann von ihren Verpflichtungen befreit sind, wenn die Erbschaftserklärung rechtzeitig erfolgt ist, sowie aus § 8 Abs. 1 des Gesetzes, betreffend die Strafsachen der Enregistrementsverwaltung vom 28. Mai 1888. Auch durch die allgemeine Fassung des Paragraphen ist dies zum Ausdruck gebracht.

Die Vorschrift des Paragraphen ist imperativ gefaßt, sie lautet „es tritt ein". Hieraus folgt, daß es beim Vorhandensein der gesetzlichen Voraussetzungen nicht in dem Belieben der Verwaltungsbehörden oder der Gerichte liegt, entweder auf die ordentliche Strafe oder die Ordnungsstrafe zu erkennen; letztere muß vielmehr in diesem Falle ausgesprochen werden.

Einen Mindestbetrag der Ordnungsstrafe bestimmt der Paragraph nicht. Da sich indessen die Ordnungswidrigkeit im Hinblick auf § 1 Abs. 3 St.-G.-B. als eine Uebertretung darstellt, so findet § 27 St.-G.-B. Anwendung, nach welchem der Mindestbetrag der Geldstrafe bei Uebertretungen eine Mark ist.

Auf die Festsetzung, Beitreibung und den Erlaß oder die Minderung solcher Ordnungsstrafen finden die Bestimmungen des § 36 Anwendung. Vergl. Bem. 2 zu diesem Paragraphen.

3. In den Fällen des Abs. 3 des Paragraphen ist anstatt der Strafe des Doppelten eine Ordnungsstrafe auszusprechen, wenn die unrichtigen oder unvollständigen Angaben noch vor der Zahlungsaufforderung freiwillig berichtigt oder vervollständigt werden. Ob zur Zeit der Zahlungsaufforderung die ursprüngliche Frist zur Abgabe der Erbschaftserklärung abgelaufen war, oder nicht, ist auf die Strafbarkeit ohne Einfluß. Die Anwendung der Ordnungsstrafe wird nicht dadurch ausgeschlossen, daß vor der Zahlungsaufforderung Ermittelungen gemäß § 28 stattgefunden haben. Der Paragraph unterscheidet nicht.

Auch hier muß auf die Ordnungsstrafe erkannt werden, wenn die gesetzliche Voraussetzung vorliegt.

Im Uebrigen gilt bezüglich dieser Ordnungsstrafe das in vorstehender Bemerkung 2 Gesagte.

Durch die Bestimmung des Abs. 5 des Paragraphen ist es, wie die B. S. 28 hervorhebt, den Personen, gegen deren Willen ihre Bevollmächtigte sich Steuerhinterziehungen zu Schulden kommen lassen, möglich, die Folgen hievon abzuwenden. Vergl. die folgende Bem.

4. Die Strafe kann gegen die zur Zahlung der Gebühren verpflichteten Personen auch dann ausgesprochen werden, wenn die strafbare Handlung durch ihren Bevollmächtigten begangen worden ist, § 8 des Gesetzes betreffend die Strafsachen der Enregistrementsverwaltung vom 28. Mai 1888. Vergl. Bem. 1 zu § 24 vorletzter Absatz.

5. Insoweit bezüglich der hinterzogenen Steuern eine sammtverbindliche Haftbarkeit mehrerer Personen besteht, kann die Strafe gegen eine oder mehrere derselben für das Ganze ausgesprochen werden. Die Unterbrechung der Verjährung gegen eine derselben wirkt gegen die übrigen. Vergl. den in vorstehender Bemerkung angezogenen Gesetzesparagraphen.

6. Haben die in § 21 genannten Personen die Zuwiderhandlungen begangen, so kann die Strafe nicht gegen sie persönlich ausgesprochen werden, sondern nur gegen die Personen, in deren Namen sie aufgetreten sind beziehungsweise gegen die Personen, gegen welche die Strafe für das Ganze ausgesprochen werden kann. Vergl. die vor-

stehenden Bem. 4 und 5. Art. 39 des Gesetzes vom 22 Frim. VII ist durch § 38 aufgehoben. Auch haften die im § 21 Genannten mangels einer besonderen Bestimmung nicht für diese Strafen. Vergl. Bem. 6 zu § 21 und Bem. 1 zu § 24.

7. Die Strafen können gemäß § 56 Z. 4 K.-O. im Konkursverfahren nicht gelten gemacht werden.

8. In den Nachlaß eines zu einer Geldstrafe Verurtheilten kann diese Strafe nur dann vollstreckt werden, wenn die Verurtheilung noch bei Lebzeiten des Verurtheilten rechtskräftig geworden ist. St.-G.-B. § 30. Der gleiche Grundsatz gilt bezüglich der Kosten des Strafverfahrens. St.-P.-O. § 497 Abs. 2.

§ 35.

Die Strafverfolgung verjährt:

1) In den Fällen des § 34 Absatz 1 innerhalb 10 Jahren vom Tage des steuerpflichtigen Anfalles ab;
2) im Falle des § 34 Absatz 2 innerhalb 2 Jahren vom Tage der Erklärung ab;
3) in den Fällen des § 34 Absatz 3 innerhalb 5 Jahren gleichfalls vom Tage der Erklärung ab.

1. Die Fristen für die Verjährung der Strafverfolgung sind dieselben, wie die für die entsprechenden Gebührennachforderungen. Im Allgemeinen entsprechen dieselben dem bisherigen Rechte. Die Bestimmung des Art. 14 des Gesetzes vom 16. Juni 1824, wonach die Strafe innerhalb 2 Jahren von dem Tage an verjährt, an welchem die Beamten durch Vorlage einer zur Registrirung gelangten Urkunde in den Stand gesetzt wurden, die Zuwiderhandlung festzustellen, ist bezüglich der Strafen wegen Hinterziehung der Erbschaftssteuern beseitigt. (B. S. 29.)

2. Die Vorschrift der Ziffer 1 findet auch Anwendung, wenn gemäß § 34 Abs. 4 nur eine Ordnungswidrigkeit vorliegt, da dieselbe ganz allgemein die Fälle des § 34 Abs. 1 ohne Unterscheidung hinsichtlich der zur Anwendung kommenden Strafe bezeichnet. Es ist dadurch die Anwendbarkeit des § 67 Abs. 3 St.-G.-B. auf die bezeichneten Ordnungswidrigkeiten ausgeschlossen.

3. Unter die Vorschrift der Ziffer 3 fallen aus dem in vorstehender Bemerkung angegebenen Grunde die Fälle des § 34 Abs. 3 auch dann, wenn sie gemäß Abs. 5 dieses Paragraphen bloß als Ordnungswidrigkeiten zu bestrafen sind.

4. Bezüglich der Berechnung der Fristen vergl. § 37 und die Bemerkungen zu diesem Paragraphen.

5. Die Unterbrechung der Verjährung richtet sich nach den reichsgesetzlichen Bestimmungen, beziehungsweise dem § 2 des Gesetzes vom 28. Mai 1888. (B. S. 29.)

Von reichsgesetzlichen Bestimmungen kommen in Betracht:

§ 68. St.-G.-B.

„Jede Handlung des Richters, welche wegen der begangenen „That gegen den Thäter gerichtet ist, unterbricht die Verjährung.

„Die Unterbrechung findet nur rücksichtlich desjenigen Statt, auf „welchen sich die Handlung bezieht.

„Nach der Unterbrechung beginnt eine neue Verjährung".

§ 69 St.-G.-B.

„Ist der Beginn oder die Fortsetzung eines Strafverfahrens von „einer Vorfrage abhängig, deren Entscheidung in einem anderen „Verfahren erfolgen muß, so ruht die Verjährung bis zu dessen „Beendigung".

§ 459 Abs. 3. St.-P.-O.

„Der Strafbescheid wirkt in Betreff der Unterbrechung der Ver- „jährung wie eine richterliche Handlung."

Der Abs. 2 des § 68 St.-G.-B. hat indessen durch § 8 Abs. 2 des Gesetzes vom 28. Mai 1888 betreffend die Strafsachen der Enregistrementsverwaltung insoweit eine Aenderung erlitten, als für die hinterzogenen Gebühren eine sammtverbindliche Haftung mehrerer Personen besteht und demgemäß die Strafe gegen eine oder mehrere für das Ganze ausgesprochen werden kann. (Vergl. Bem. 5 zu § 34.) In einem solchen Falle wirkt die Unterbrechung der Verjährung gegen eine derselben auch gegen die übrigen.

Ueber die Frage, was unter Ruhen der Verjährung zu verstehen ist, wie sie § 69 St.-G.-B. erwähnt, vergl. die Bem. 5 zu § 33.

Nach § 2 des Gesetzes vom 28. Mai 1888 betreffend die Strafsachen der Enregistrementsverwaltung unterbricht die Unterwerfung des Beschuldigten unter die Strafe ebenfalls die Verjährung.

6. Ueber die Verjährung der Vollstreckung rechtskräftig erkannter Strafen enthält das Gesetz keine besonderen Vorschriften. Es finden deßhalb die Bestimmungen des Strafgesetzbuches Anwendung. (B. S. 29.) Diese Bestimmungen sind in § 70 Z. 4—6 enthalten. Darnach verjährt die Vollstreckung von Unterwerfungsverhandlungen, rechtskräftigen Strafbescheiden, Entscheidungen des Kaiserlichen Rathes und gerichtlicher Urtheile, wenn:

a) Auf Geldstrafe von mehr als 6000 ℳ erkannt ist, in 10 Jahren;
b) auf Geldstrafe von mehr als 150 bis 6000 ℳ erkannt ist, in 5 Jahren;
c) auf Geldstrafe bis zu 150 ℳ erkannt ist, in 2 Jahren.

Die Verjährung beginnt mit dem Tage, an welchem die Unterwerfungsverhandlung unterzeichnet, beziehungsweise der Strafbescheid rechtskräftig geworden, die Entscheidung des Kaiserlichen Rathes ergangen, das Urtheil rechtskräftig geworden ist.

7. Die in dem Strafverfahren enstandenen Kosten, sowie die Strafvollstreckungskosten verjähren in 30 Jahren.

8. Die Befugniß der Landesgesetzgebung, bezüglich der Verjährung der Strafverfolgung Bestimmungen zu treffen, welche von den Vorschriften des Reichsstrafgesetzbuches abweichen, ergibt sich aus Art. II des Gesetzes, betreffend die Einführung des Strafgesetzbuches für das Deutsche Reich in Elsaß-Lothringen vom 30. August 1871.

§ 36.

Bezüglich des Strafverfahrens sowie der Befugniß zum Erlaß oder zur Minderung der Strafen im Wege der Nach-

sicht finden die entsprechenden Bestimmungen über Strafen wegen Hinterziehung von Enregistrementsgebühren Anwendung.

1. Die bezüglich des Strafverfahrens für anwendbar erklärten Bestimmungen sind enthalten in dem Gesetze, betreffend die Strafsachen der Enregistrementsverwaltung vom 28. Mai 1888. Daß auch § 7 dieses Gesetzes, wonach eine Umwandlung nicht beitreibbarer Strafen in Freiheitsstrafen nicht stattfindet, zu den Bestimmungen gehört, welche für die Erbschaftssteuer aufrecht erhalten werden, ist in B. S. 29 besonders hervorgehoben.

2. Diese Vorschriften finden auch hinsichtlich der in § 34 erwähnten Ordnungsstrafen Anwendung. Vergl. Bem. 2 und 3 zu § 34.

3. Was den Erlaß oder die Minderung von Strafen betrifft, so verbot Art. 59 des Gesetzes vom 22 Frim. VII unbedingt den Erlaß von Strafen gegen die Vorschriften des Enregistrementsgesetzes. Die Vorschrift dieses Artikels war damals in Uebereinstimmung mit dem in der politischen Verfassung enthaltenen Grundsatze, nach welchem der vollziehenden Gewalt ein Begnadigungsrecht überhaupt nicht zustand. Als aber dieser allgemeine Grundsatz in den späteren Verfassungen keinen Eingang mehr fand und der vollziehenden Gewalt beziehungsweise dem Könige ein Begnadigungsrecht eingeräumt wurde, nahm man in Frankreich allgemein an, daß damit auch die in Art. 59 a. a. O. enthaltene Bestimmung bezüglich des Straferlasses beseitigt sei und es wurden demgemäß auch Enregistrementsstrafen durch die oberste Staatsgewalt auf dem Gnadenwege erlassen. Durch eine Ordonnanz vom 3. Januar 1821 wurde sodann dem Finanzminister die Befugniß übertragen, solche Strafen zu erlassen oder zu ermäßigen. Gegenwärtig ist der Generaldirektor der Zölle und indirekten Steuern gemäß § 5 Ziffer 5 des vom Reichskanzler erlassenen Regulativs vom 24. Januar 1876 befugt, solche Strafen bis zum Betrag von 1000 Mk. im einzelnen Fall zu erlassen oder um diesen Betrag zu ermäßigen. Für den Erlaß oder die Ermäßigung um höhere Beträge ist das Ministerium zuständig. Die Gesuche um Erlaß oder Minderung der Strafe sind gemäß § 12 des Gesetzes vom 13 Brum. VII stempelpflichtig.

4. Bezüglich der Kosten des Strafverfahrens und der Vollstreckung sind § 5 des Gesetzes betreffend die Strafsachen der Enregistrementsverwaltung und die §§ 497 ff. St.-P.-O. maßgebend.

VI. Abschnitt.

Allgemeine und Schlußbestimmungen.

§ 37.

Auf die Berechnung der Fristen finden die Vorschriften der §§ 42 und 43 der Strafprozeßordnung Anwendung.

1. Diese beiden Paragraphen der Strafprozeßordnung lauten:

„§ 42. Bei der Berechnung einer Frist, welche nach Tagen bestimmt ist, wird der Tag nicht mitgerechnet, auf welchen der Zeitpunkt oder das Ereigniß fällt, nach welchem der Anfang der Frist sich richten soll."

„§ 43. Eine Frist, welche nach Wochen oder Monaten bestimmt ist, endigt mit Ablauf desjenigen Tages der letzten Woche oder des letzten Monats, welcher durch seine Benennung oder Zahl dem Tage entspricht, an welchem die Frist begonnen hat; fehlt dieser Tag in dem letzten Monat, so endigt die Frist mit Ablauf des letzten Tages dieses Monats."

„Fällt das Ende einer Frist auf einen Sonntag oder allgemeinen Feiertag, so endigt die Frist mit Ablauf des nächstfolgenden Werktages."

2. Beispiele für die Fristberechnung sind angegeben in den Bem. zu § 33.

Weitere Beispiele:

a) Im Wege der Nachsicht wird eine wegen einer Auslassung durch rechtskräftigen Strafbescheid erkannte Strafe unter der Bedingung erlassen, daß die außerdem geschuldete Steuer binnen 5 Tagen nach der Bekantmachung des Straferlasses bezahlt werde. Diese Bekanntmachung erfolgt am 1. Juni. Die 5tägige Frist endigt mit dem Ablauf des 6. Juni. Wird nicht spätestens an diesem Tage bezahlt, so ist die Bedingung des Straferlasses nicht erfüllt.

b) Gegen den Strafbescheid kann der Beschuldigte gemäß § 459 St. P. O. binnen einer Woche nach der Bekanntmachung auf gerichtliche Entscheidung antragen, oder gemäß § 3 des Gesetzes, betreffend die Strafsachen der Enregistrementsverwaltung vom 8. Mai 1888 binnen 3 Wochen nach der Bekanntmachung Beschwerde an den Kaiserlichen Rath ergreifen. Ist die Bekanntmachung am Donnerstag den 4. April erfolgt, so endigt die Frist zum Antrag auf gerichtliche Entscheidung mit Ablauf des Donnerstag den 11. April und die Frist zur Erhebung der Beschwerde an den Kaiserlichen Rath mit Ablauf des Donnerstag den 25. April.

c) Ein Erblasser ist am 15. Mai gestorben. Die 6monatliche Frist zur Abgabe der Erbschaftserklärung endigt mit dem Ablauf des 15. November. Wird die Erklärung erst am 16. November abgegeben, so ist die Strafe verwirkt.

Ist der Tod am 31. Mai erfolgt, so endigt die Frist, da dem November der 31. Tag fehlt, schon am 30. November.

In gleicher Weise wird bei der Berechnung der Jahresfrist verfahren. Ist der Erblasser am 20. Mai gestorben, so endigt die Frist mit dem Ablauf des 20. Mai des folgenden Jahres. Fällt der Todestag auf den 29. Februar eines Schaltjahres, so endigt die Frist, da dem Februar des folgenden Jahres der 29. Tag fehlt, am 28. dieses Monats.

d) Eine Erbschaftserklärung ist am 2. August 1889 abgegeben worden. Die Berichtigung einer unrichtigen Berechnung der Steuer kann bis zum Ablauf des 2. August 1891 vorgenommen werden. Mit dem Ablauf dieses Tages tritt die Verjährung gemäß § 33 Ziff. 1 ein. Die am 3. August etwa erfolgende Zustellung eines Zwangsbefehls für die nachträglich berechnete Steuer könnte eine rechtliche Wirkung nicht mehr äußern.

e) In der gleichen Weise berechnet sich die in § 33 Ziff. 6 bestimmte Frist für die Erhebung einer Rückerstattungsklage. Wenn in dem unter d erwähnten Falle der Steuerpflichtige die Klage erst am 3. August 1891 zustellen ließe, so würde, falls nicht der Grund der Rückerstattung nach dem Tage der Zahlung eingetreten ist, die Verwaltung die Einrede der Verjährung geltend machen müssen.

f) Der Erblasser stirbt am 1. Oktober 1889. Eine Erbschaftserklärung wird nicht abgegeben. Wenn nicht spätestens am 1. Oktober 1899 bezüglich der Strafe eine Unterwerfungsverhandlung unterzeichnet, oder ein Strafbescheid erlassen oder eine Handlung des Richters im Sinne des § 68 St.-G.-B. vorgenommen ist, so ist die Strafverfolgung gemäß § 35 Ziff. 1 verjährt.

3. Bezüglich der Frage, wann der letzte Tag der Frist als abgelaufen zu betrachten ist, muß unterschieden werden.

Handelt es sich um Erklärungen, welche bei einer Enregistrementseinnehmerei, einem Beamten der Verwaltung oder der Direktivbehörde abzugeben sind, so ist der Tag mit dem Schlusse der vorgeschriebenen Dienststunden abgelaufen.

Was die Zustellungen für oder gegen die Steuerverwaltung betrifft, so enthalten die Reichsgesetze keine Bestimmungen darüber, bis zu welcher Tagesstunde solche Zustellungen vorgenommen werden dürfen. (§ 681 C.-P.-O. bezieht sich nur auf die Vornahme von Vollstreckungshandlungen.) Ob die landesgesetzlichen Vorschriften zum Schutz der persönlichen Freiheit, aus welchen das Verbot einer Zustellung zur Nachtzeit sich ergeben würde, in dieser Beziehung wirksam sind, ist bestritten. Vergl. Petersen; Civilprozeßordnung, Bem. 3 zu § 171; Struckmann und Koch, Civilprozeßordnung Bem. 4 zu § 171; v. Wilmowsky und Levy, Civilprozeßordnung Bem. 1 zu § 171.

4. Allgemeine Feiertage sind:

Weihnachten, Neujahr, Christi Himmelfahrt, Maria Himmelfahrt, Allerheiligen, Karfreitag, Ostermontag und Pfingstmontag.

Vergl. Consularerlaß vom 29. Germ. X, Gutachten des Staatsrathes vom 13. März 1810 und Gesetz vom 19. Oktober 1887, betr. die gesetzlichen Feiertage, Ges.-Bl. für E.-L., S. 79.

§ 38.

Dieses Gesetz tritt am 1. Juli 1889 in Kraft; dasselbe tritt an Stelle der bis dahin geltenden Bestimmungen über die Erhebung von Enregistrementsgebühren aus Anlaß von Sterbefällen und findet Anwendung auf alle Anfälle, welche nach dem 30. Juni 1889 eintreten.

Die Ausführungsbestimmungen erläßt das Ministerium.

Urkundlich unter Unserer Höchsteigenhändigen Unterschrift und beigedrucktem Kaiserlichen Insiegel.

Gegeben Neues Palais, den 12. Juni 1889.

(L. S.) **Wilhelm.**

Fürst von Hohenlohe.

Der Paragraph hebt nur die bisher in Geltung gewesenen Bestimmungen über die Erhebung von Enregistrementsgebühren aus Anlaß von Sterbefällen auf. Diejenigen Bestimmungen des bisherigen Rechts, welche sich nicht auf die Erhebung solcher Gebühren beziehen, sondern Vorschriften allgemeiner Natur hinsichtlich der Dienstführung der Enregistrementseinnehmer enthalten, finden ferner auch insoweit Anwendung, als sie die Erbschaftssteuer betreffen. So bleibt beispielsweise der Art. 58 des Gesetzes vom 22 Frim. VII auch für die Erbschaftserklärungen maßgebend. Darnach dürfen die Enregistrementseinnehmer an andere als die betheiligten Personen und deren Rechtsnachfolger Abschriften dieser Erklärungen oder Auszüge nur auf Grund eines Beschlusses des Amtsgerichts ertheilen. (Auf einen derartigen Beschluß finden gemäß § 1 Abs. 2 des A. G. z. G. K. G. die Vorschriften des Gerichtskostengesetzes Anwendung. Derselbe unterliegt daher der Stempelpflicht nicht.) Auf die an staatliche Behörden zu ertheilenden Auszüge erstreckt sich diese Vorschrift indessen nicht. Bezüglich der Befugniß der Staatsanwaltschaft, solche Auszüge zu verlangen vergl. § 159 St.-P.-O.

Auch der Abs. 2 des angezogenen Art. 58, welcher die den Beamten für einen solchen Auszug zu ertheilenden Gebühren regelt, bleibt bezüglich der Erbschaftserklärungen in Kraft. Vergl. Bem. 4 zu § 28.

Die Ausführungsvorschriften zu dem Gesetze sind durch das Ministerium am 19. Juni 1889 erlassen und im Central- und Bezirksamtsblatt Seite 154 veröffentlicht worden.

Anlage zu § 12.

Tabelle

über den gegenwärtigen Kapitalwerth einer Rente oder Nutzung im Werthe von 1 Mark auf eine bestimmte Anzahl von Jahren behufs Berechnung der davon zu entrichtenden Erbschaftssteuer.

Anzahl der Jahre.	Kapitalwerth. ℳ	Kapitalwerth. ₰	Anzahl der Jahre.	Kapitalwerth. ℳ	Kapitalwerth. ₰	Anzahl der Jahre.	Kapitalwerth. ℳ	Kapitalwerth. ₰	Anzahl der Jahre.	Kapitalwerth. ℳ	Kapitalwerth. ₰	Bemerkungen.
1	1	0,00	22	15	02,9	43	21	18,6	64	23	88,7	Pfennigbeträge der Rente oder des Nutzungswerthes werden für 1 Mk. gerechnet.
2	1	96,2	23	15	45,1	44	21	37,1	65	23	96,9	
3	2	88,6	24	15	85,7	45	21	54,9	66	24	04,7	
4	3	77,5	25	16	24,7	46	21	72,0	67	24	12,2	
5	4	63,0	26	16	62,2	47	21	88,5	68	24	19,4	
6	5	45,1	27	16	98,3	48	22	04,3	69	24	26,4	
7	6	24,2	28	17	33,0	49	22	19,5	70	24	33,0	
8	7	00,2	29	17	66,3	50	22	34,2	71	24	39,5	
9	7	73,3	30	17	98,4	51	22	48,2	72	24	45,6	
10	8	43,5	31	18	29,0	52	22	61,8	73	24	51,6	
11	9	11,1	32	18	58,9	53	22	74,8	74	24	57,3	
12	9	76,0	33	18	87,4	54	22	87,3	75	24	62,8	
13	10	38,5	34	19	14,8	55	22	99,3	76	24	68,0	
14	10	98,6	35	19	41,1	56	23	10,9	77	24	73,1	
15	11	56,3	36	19	66,5	57	23	22,0	78	24	78,0	
16	12	11,8	37	19	90,8	58	23	32,7	79	24	82,7	
17	12	65,2	38	20	14,3	59	23	43,0	80	24	87,2	
18	13	16,6	39	20	36,8	60	23	52,8	81	24	91,5	
19	13	65,9	40	20	58,5	61	23	62,4	82	24	95,7	
20	14	13,4	41	20	79,3	62	23	71,5	83	24	99,7	
21	14	59,0	42	20	99,3	63	23	80,3	84 und mehr.	25	00,0	

II. Ausführungsvorschriften

zu dem Gesetz, betreffend die Erbschaftssteuer vom 12. Juni 1889.

(Central- und Bezirksamtsblatt Seite 154.)

Auf Grund des § 38 des Gesetzes, betreffend die Erbschaftssteuer vom 12. Juni 1889 (Gesetzbl. S. 57) wird hiermit zur Ausführung dieses Gesetzes Folgendes bestimmt:

1) Der gemeine Werth (§ 9) berechnet sich bei Werthpapieren, welche an öffentlichen Börsen notirt werden, nach dem Börsenkurs vom Tage des Anfalls unter Hinzurechnung der laufenden Zinsen bis zu diesem Tage, soweit deren Betrag nicht etwa nach Börsengebrauch im Kurse Ausdruck findet.

   Fremde Währungen sind bei Werthpapieren — insoweit nicht nach Börsengebrauch eine andere Umrechnung stattfindet — nach dem Tageskurs vom Tage des Anfalls umzurechnen.

   Der Direktor der Zölle und indirekten Steuern bestimmt, welche Börse im einzelnen maßgebend ist.

2) Befinden sich an einem Orte mehrere Enregistrementseinnehmereien, so ist zur Festsetzung und Erhebung der Erbschaftssteuer (§ 22) diejenige Einnehmerei zuständig, welche mit Registrirung der bürgerlichen Urkunden betraut ist. (Einnehmerei I.)

3) Die Bürgermeister haben die in § 23 vorgesehenen Verzeichnisse den Enregistrementseinnehmereien je in den ersten 10 Tagen der Monate Januar, April, Juli und Oktober zu übersenden.

4) Die Erbschaftserklärungen (§ 24) sind unter Benutzung eines vom Direktor der Zölle und indirekten Steuern aufzustellenden Formulars schriftlich einzureichen oder zu Protokoll der Enregistrementseinnehmerei abzugeben. Schriftliche Erklärungen sind in der Regel von den Erben

oder einem derselben persönlich zu unterzeichnen. Protokollarische Erklärungen, sowie schriftliche, sofern sämmtliche Erben außerhalb des Deutschen Reichs wohnen, können durch Bevollmächtigte abgegeben werden. Die Zahlung der Gebühren auf Grund der Erklärung kann durch Dritte ohne Nachweis der Bevollmächtigung erfolgen.

5) In dem Masseverzeichniß (§ 25) können körperliche bewegliche Gegenstände in kleineren, den Verhältnissen entsprechenden Gruppen aufgeführt und abgeschätzt werden.

6) Erscheint die Sicherstellung der Steuer geboten, so sind die Betheiligten zu der Erklärung aufzufordern, in welcher Weise sie dieselbe zu leisten beabsichtigen. Der Direktor der Zölle und indirekten Steuern entscheidet, ob die angebotene Sicherheit genügend ist oder nicht.

7) Eine Zahlung der Erbschaftssteuer aus Reichs- oder Landeskassen findet nicht statt.

Straßburg, den 19. Juni 1889.

Ministerium für Elsaß-Lothringen,
Abtheilung für Finanzen, Landwirthschaft und Domänen.
Der Unterstaatssekretär,
von Schraut.

III. 4142.

III. Gesetz,

betreffend die Strafsachen der Enregistrementsverwaltung. Vom 28. Mai 1888.

(Gesetzbl. für Elsaß-Lothringen Seite 48.)

Wir Friedrich, von Gottes Gnaden deutscher Kaiser, König von Preußen rc.

verordnen im Namen des Reichs, für Elsaß-Lothringen, nach erfolgter Zustimmung des Bundesrathes und des Landesausschusses, was folgt:

§ 1.

Die Aburtheilung der Zuwiderhandlungen gegen die Vorschriften der Enregistrements- und Landesstempelgesetze erfolgt im Verwaltungswege nach Maßgabe der folgenden Bestimmungen.

Der Beschuldigte kann die Ueberweisung der Sache an das Gericht schon vor Erlaß des Strafbescheides (§ 3) beantragen.

Die gerichtliche Zuständigkeit ist ausschließlich begründet, wenn die Zuwiderhandlung zugleich die allgemeinen Strafgesetze verletzt.

§ 2.

Der Beschuldigte kann sich der Strafe unter Verzicht auf Erlaß eines Strafbescheides unterwerfen. Die Unterwerfung unterbricht die Verjährung.

§ 3.

Findet eine Unterwerfung nicht statt, so erfolgt die Festsetzung der Strafe durch Strafbescheid des Direktors der Zölle und indirekten Steuern. In dem Strafbescheid muß auf die zulässigen Rechtsmittel und die hierfür bestehenden Fristen hingewiesen werden. Derselbe ist dem Beschuldigten durch Zustellung oder Uebergabe gegen Empfangsbescheinigung bekannt zu machen.

Gegen den Strafbescheid kann der Beschuldigte, sofern er nicht auf gerichtliche Entscheidung anträgt (§ 459 Absatz 2 der Strafprozeßordnung), Beschwerde an den Kaiserlichen Rath ergreifen. Dieselbe muß binnen drei Wochen nach der Bekanntmachung schriftlich oder zu Protokoll bei dem Direktor der Zölle und indirekten Steuern oder bei der Behörde, welche den Strafbescheid bekannt gemacht hat, eingelegt werden. Das Verfahren richtet sich nach den auf Grund des § 8 des Gesetzes, betreffend die Einrichtung der Verwaltung, vom 30. Dezember 1871 (Gesetzbl. 1872 S. 49) erlassenen Bestimmungen.

§ 4.

Die Entscheidung des Kaiserlichen Rathes (§ 3) ist endgültig.

Die bestehende Befugniß zum Erlaß oder zur Minderung der Strafe im Wege der Nachsicht wird hierdurch nicht berührt.

§ 5.

Bei dem Strafverfahren im Verwaltungswege kommen an Kosten nur die baaren Auslagen in Ansatz.

§ 6.

Aus Unterwerfungsverhandlungen, rechtskräftigen Strafbescheiden, sowie Entscheiduugen des Kaiserlichen Rathes findet die gerichtliche Zwangsvollstreckung in gleicher Weise wie aus gerichtlich für vollstreckbar erklärten Zwangsbefehlen (§ 17 des Gesetzes vom 8. Juli 1879, betreffend die Ausführung der Civilprozeßordnung 2c., Gesetzbl. S. 67) statt.

Einwendungen, welche im Sinne des § 686 der Civilprozeßordnung den Anspruch selbst betreffen, sind von dem Schuldner im Wege der Klage und nach den Vorschriften der Civilprozeßordnung bei dem Gerichte geltend zu machen, in dessen Bezirk die Kasse, bei welcher die Strafe nach einer Unterwerfungsverhandlung oder dem Strafbescheid einzuzahlen war, ihren Sitz hat.

§ 7.

Umwandlung einer nicht beizutreibenden Geldstrafe in Freiheitsstrafe findet nicht statt.

§ 8.

Die Strafe kann gegen die zur Zahlung der Gebühren verpflichteten Personen auch dann ausgesprochen werden, wenn die strafbare Handlung durch einen Bevollmächtigten begangen worden ist.

Insoweit bezüglich hinterzogener Gebühren eine sammtverbindliche Haftung mehrerer Personen besteht, kann die Strafe gegen eine oder mehrere derselben für das Ganze ausgesprochen werden. Die Unterbrechung der Verjährung gegen eine derselben wirkt gegen die übrigen.

Die bestehenden Vorschriften über Dauer und Beginn der Verjährungsfrist bleiben unberührt.

§ 9.

Die Ausführungsbestimmungen zu diesem Gesetze erläßt das Ministerium.

Urkundlich unter Unserer Höchsteigenhändigen Unterschrift und beigedrucktem Kaiserlichen Insiegel.

Gegeben Charlottenburg, den 28. Mai 1888.

(L. S.) **Friedrich.**

Fürst von Hohenlohe.

IV. Ausführungsvorschriften

zu dem Gesetz vom 28. Mai 1888, betreffend die Strafsachen der Enregistrementsverwaltung.

(Central- und Bezirksamtsblatt Seite 143.)

Auf Grund des § 9 des Gesetzes, betreffend die Strafsachen der Enregistrementsverwaltung, vom 28. Mai 1888 — Gesetzbl. S. 48 — wird hiermit zur Ausführung dieses Gesetzes Folgendes bestimmt:

1. Bei allen Zuwiderhandlungen gegen die Vorschriften der Enregistrements- und Landesstempelgesetze mit Ausnahme des Zusammentreffens einer Verletzung dieser Gesetze und der allgemeinen Strafgesetze durch eine und dieselbe Handlung (§ 1. Abs. 3) ist das Verwaltungsstrafverfahren einzuleiten; eine Ueberweisung der Sache an das Gericht durch die Verwaltungsbehörde findet nur in letzterem Falle statt.

2. In Fällen der verspäteten Vorlage eines Handänderungs- oder Miethvertrages über Liegenschaften oder der verspäteten Abgabe einer Sterbefallerklärung oder der Vorlage von stempelpflichtigen Schriftstücken auf ungestempeltem Papier ist von Aufnahme einer Unterwerfungsverhandlung abzusehen, wenn die Zahlung der Strafe gleichzeitig mit den Gebühren erfolgt. In dem Registereintrag sowie auf der steuerpflichtigen Urkunde bezw. der Quittung über die Sterbfallgebühren ist ein entsprechender Vermerk aufzunehmen.

Im Uebrigen erfolgt die Unterwerfung unter die Strafe in der Regel durch eine von dem Beschuldigten zu unterzeichnende Verhandlung, welche den Gegenstand der Beschuldigung, die Erklärung des Beschuldigten, daß er sich der Strafe unterwerfe und sich unter Verzicht auf den Erlaß eines Strafbescheides und auf gerichtliche Entscheidung zur Zahlung der Strafe und Kosten verpflichte, ferner die Berechnung der Strafe und etwaigen Kosten und die Bezeichnung der Kasse, bei welcher dieselben einzuzahlen sind, zu enthalten hat. Die Unterwerfungserklärung kann auch von Bevollmächtigten abgegeben werden; von Erbringung einer förmlichen Vollmacht kann abgesehen werden, wenn gleichzeitig Zahlung von Strafe und Kosten erfolgt.

Sofern die Strafe in einem Gebührenzuschlage (volle oder halbe Gebühr) besteht, und die Gebührenforderung selbst ganz oder theilweise bestritten ist, kann die Unterwerfungserklärung unter der Bedingung erfolgen, daß die Unterwerfung rückgängig werde, wenn und soweit der Beschuldigte in dem wegen der Gebührenforderung anhängigen oder anhängig zu machenden Rechtsstreit obsiege.

3. Ein Strafbescheid ist in der Regel, insbesondere die Fälle drohender Verjährung ausgenommen, nur zu erlassen, nachdem Verhandlungen auf Herbeiführung einer Unterwerfung eingeleitet worden, aber erfolglos geblieben sind. Die Bekanntmachung hat, sofern nicht besondere Umstände ein anderes Verfahren angezeigt erscheinen lassen, durch eine Enregistrementseinnehmerei zu erfolgen.

Der Strafbescheid hat die Kasse zu bezeichnen, bei welcher Strafe und Kosten einzuzahlen sind.

4. Die Beschwerde ist durch den Direktor der Zölle und indirekten Steuern dem Kaiserlichen Rathe mit Akten vorzulegen. Erachtet jedoch der Direktor die Beschwerde für gerechtfertigt, so ist er befugt, derselben Statt zu geben und den Strafbescheid aufzuheben.

Wenn von mehreren Beschuldigten der Eine Beschwerde an den Kaiserlichen Rath ergriffen, ein Anderer auf gerichtliche Entscheidung angetragen hat, so ist dies bei Vorlage der Beschwerde an den Kaiserlichen Rath zu bemerken.

5. In den Strafbescheid ist stets die Verurtheilung zur Erstattung der baaren Auslagen aufzunehmen. Bei dem Vorhandensein mehrerer Beschuldigten findet § 498 der Strafprozeßordnung entsprechende Anwendung.

Für die im Vorverfahren an Zeugen und Sachverständige etwa zu zahlenden Gebühren sind die Vorschriften der Gebührenordnung vom 30. Juli 1878 maßgebend.

6. Die Gerichte und Verwaltungsbehörden sind befugt, die ihnen vorkommenden Urkunden und Schriftstücke, welche zur Festsetzung von Enregistrements- und Stempelstrafen Anlaß geben, vorläufig zurückzubehalten und zur Kenntniß der Enregistrementsbehörde zu bringen.

Straßburg, den 7. Juni 1888.

Ministerium für Elsaß-Lothringen.
Abtheilung für Finanzen, Landwirthschaft und Domänen.
Der Unterstaatssekretär,

Schraut.

III. 3720.

Anhang.

Anleitung zur Abgabe der Erbschaftserklärungen.

1. In welchen Fällen ist eine Erbschaftserklärung abzugeben?

Für jeden Erwerb von Vermögen zu Eigenthum, Nutznießung oder Genuß in Folge von Todesfall oder gerichtlich erklärter Abwesenheit ist eine Erbschaftserklärung abzugeben.

2. Wer ist zur Abgabe der Erklärung verpflichtet?

Zur Abgabe der Erbschaftserklärung sind verpflichtet:

die Erben,
die Schenknehmer,
die Vermächtnißnehmer.

Haben diese Personen einen gesetzlichen Vertreter, so muß dieser die Erklärung abgeben. Es ist also die Erklärung abzugeben für:

nicht emanzipirte Minderjährige durch den Vater und im Falle dieser verstorben ist, durch den Vormund;
Entmündigte durch den Vormund;
die Ehefrau in der Regel durch den Ehemann;
Gemeinden durch den Bürgermeister;
öffentliche Anstalten durch den Vorstand u. s. w.

Außer den zur Abgabe der Erklärung Verpflichteten dürfen dieselbe auch abgeben Bevollmächtigte der Betheiligten, welche Theile der Erbschaft in ihrem Besitze haben, Nachlaßverwalter und Testamentsvollstrecker.

Wenn an einer Erbschaft mehrere Personen betheiligt sind, so kann ein Mitbetheiligter oder dessen gesetzlicher Vertreter, oder eine der Personen, welche, wie vorstehend gesagt ist, zur Abgabe der Erklärung berechtigt sind, die Erklärung für die sämmtlichen an der Erbschaft Betheiligten abgeben. In diesem Falle sind die Mitbetheiligten von der Abgabe besonderer Erbschaftserklärungen befreit, sie haften aber für die Richtigkeit und Vollständigkeit der in ihrem Namen abgegebenen Erklärung ebenso, als wenn sie von ihnen selbst ausgegangen wäre. Wenn daher die Erbschaftserklärung wegen Fristversäumniß oder aus einem anderen Grunde zur Verhängung einer Strafe Anlaß gibt, so sind alle diejenigen, für welche dieselbe abgegeben worden ist, strafbar.

Wer für einen Mitbetheiligten die Erklärung abgibt, hat auch die durch diesen geschuldete Steuer vorzuschießen.

3. Innerhalb welcher Frist muß die Erklärung abgegeben werden?

Die Frist für die Abgabe der Erklärung beträgt:

a. wenn das Ableben des Erblassers innerhalb Deutschlands erfolgt ist . . . . . 6 Monate,
b. wenn dasselbe außerhalb Deutschlands aber innerhalb Europas erfolgt ist . . . . 8 Monate,
c. wenn dasselbe außerhalb Europas erfolgt ist 1 Jahr.

Die Frist beginnt mit dem Tage des Todes, beziehungsweise dem Tage der Erlangung des Besitzes des Vermögens Abwesender.

Wird die Erklärung nicht innerhalb dieser Frist abgegeben, so tritt die gesetzliche Strafe ein. In der Regel wird den Betheiligten vor Ablauf der Frist durch die Enregistrementseinnehmerei, bei welcher die Erklärung abzugeben ist, eine Mahnung zugeschickt. Allein, wenn diese Mahnung in einem einzelnen Falle den Betheiligten nicht zugehen sollte, so könnte sie dies von der Strafe nicht befreien, da das Gesetz die Strafbarkeit der Betheiligten nicht von der Uebersendung einer Mahnung abhängig macht.

4. Bei welchem Amte ist die Erklärung abzugeben?

Die Erbschaftserklärung ist bei derjenigen Enregistrementseinnehmerei abzugeben, in deren Bezirk der Erblasser seinen Wohnsitz hatte und zwar bezüglich aller zum Nachlasse gehörenden Vermögensgegenstände ohne Ausnahme und ohne Rücksicht darauf, ob sich diese Gegenstände in dem Bezirk dieser Enregistrementseinnehmerei befinden oder nicht.

Hatte der Erblasser innerhalb Elsaß-Lothringens einen Wohnsitz nicht besessen, so ist die Erbschaftserklärung bei einer derjenigen Enregistrementseinnehmereien abzugeben, in deren Bezirk sich zum Nachlaß gehöriges Vermögen befindet. Unter mehreren derartigen Einnehmereien steht den Betheiligten die Wahl zu.

Befinden sich an einem Orte mehrere Enregistrementseinnehmereien, so ist zur Entgegennahme der Erbschaftserklärung diejenige Einnehmerei zuständig, welche mit Registrirung der bürgerlichen Urkunden betraut ist. (Einnehmerei I.)

Wird die Erklärung bei einer unzuständigen Einnehmerei abgegeben, so ist diese berechtigt und verpflichtet, dieselbe zurückzuweisen und wenn inzwischen die Frist zur Abgabe der Erklärung verflossen ist, so kann sich der Steuerpflichtige, um sich von der Strafe zu befreien, nicht auf seinen Versuch berufen, die Erklärung bei der unzuständigen Einnehmerei abzugeben.

5. In welcher Form ist die Erbschaftserklärung abzugeben?

Zu der Erbschaftserklärung ist ein Formular zu benützen, welches dem Steuerpflichtigen durch die zuständige Enregistrementseinnehmerei gleichzeitig mit der unter Ziffer 3 erwähnten Mahnung übersandt wird.

Die Erklärung kann nach der Wahl des Pflichtigen entweder schriftlich oder zu Protokoll der Enregistrementseinnehmerei abgegeben werden. Schriftlich erfolgt die Abgabe in der Weise, daß der Steuerpflichtige das Formular, welches er selbst ausfüllt oder durch einen Dritten ausfüllen läßt, unterzeichnet und der Enregistrementseinnehmerei übergibt oder durch einen Beauftragten übersendet. Zu Protokoll erfolgt die Abgabe in der Weise, daß der Steuerpflichtige auf der Enregistrementseinnehmerei erscheint und dem Einnehmer die erforderlichen Angaben mündlich macht, damit sie dieser in das Formular einträgt, welches dann ebenfalls durch den Steuerpflichtigen zu unterzeichnen ist.

Die schriftliche Erklärung ist in der Regel durch den Steuerpflichtigen selbst, oder wenn sie für mehrere Betheiligte abgegeben wird, durch einen derselben zu unterschreiben; durch einen Bevollmächtigten, welcher mit einer auf Stempelpapier geschriebenen Vollmacht versehen sein muß, kann sie nur dann unterschrieben werden, wenn die sämmtlichen Erben außerhalb des deutschen Reiches wohnen.

Zur Abgabe der protokollarischen Erklärung kann sich der Erbe immer eines Bevollmächtigten bedienen, welcher ebenfalls zum Nachweis seines Auftrages der Enregistrementseinnehmerei eine auf Stempelpapier geschriebene Vollmacht zu übergeben hat.

Die Zahlung der Steuer auf Grund der Erklärung kann durch Dritte ohne Nachweis der Bevollmächtigung erfolgen. Diese Bestimmung bietet dem Steuerpflichtigen, welcher eine schriftliche Erklärung abgeben will, die Möglichkeit, diese Abgabe der Erklärung, sowie die Bezahlung der Steuer ganz durch die Vermittelung eines Dritten zu bethätigen, ohne zur Ausstellung einer Vollmacht genöthigt zu sein. Es ist nur erforderlich, daß er die durch ihn selbst oder den Dritten geschriebene Erklärung nebst dem Masseverzeichniß unterschreibt und sodann diese Schriftstücke nebst den erforderlichen Belägen (vergl. Ziffer 7) und dem Steuerbetrage dem Dritten übergibt, welcher bei der Enregistrementseinnehmerei das weiter Erforderliche vornimmt. Es ergibt sich hieraus, daß der Weg der schriftlichen Abgabe für den Steuerpflichtigen der bequemste und auch der billigste ist, weil die stempelpflichtige Vollmacht erspart wird.

Der Post kann sich der Steuerpflichtige zur Uebersendung der Erbschaftserklärung nebst der Steuer nur dann bedienen, wenn er in der Lage ist, die letztere genau zu berechnen. Wäre die Berechnung irrig und der durch die Post übersandte Geldbetrag ungenügend, so würde der Enregistrementseinnehmer nicht berechtigt sein, die Erklärung entgegenzunehmen, weil die Steuer gleichzeitig mit der Abgabe der Erklärung bezahlt werden muß (vergl. Ziffer 8). Eine Zurückweisung der Erklärung könnte unter Umständen die Versäumniß der Frist und die Bestrafung des Steuerpflichtigen zur Folge haben. In sehr vielen Fällen wird aber der Letztere die Steuer nicht genau berechnen können, namentlich dann nicht, wenn Schulden und andere Ansprüche von der Masse in Abzug gebracht werden sollen, da er nicht mit Sicherheit beurtheilen kann, ob dem Einnehmer die vorgelegten Beläge genügend erscheinen, oder ob er den Abzug der Schulden und Lasten nicht gestattet. Auch andere Gründe könnten die Beanstandung und Zurückweisung der Erklärung zur Folge haben. Es liegt deßhalb im dringenden Interesse des Steuerpflichtigen, von der Benutzung der Post abzusehen, damit alle derartigen Beanstandungen zur Vermeidung von Strafen noch rechtzeitig beseitigt werden können.

6. Was muß die Erbschaftserklärung enthalten?

Die Erbschaftserklärung bildet die Grundlage für die Berechnung der Steuer, sie muß sich deßhalb über alle Verhältnisse verbreiten, welche die Feststellung der Steuer bedingen. Namentlich muß dieselbe enthalten:

a. Vorname, Name, Stand und Wohnort des Erblassers; Ort und Tag seines Ablebens; die Angabe, ob derselbe ledig, verheirathet, Wittwer war.

War er verheirathet, dann ist auch der Vorname, Name, Stand und Wohnort des überlebenden oder vorverstorbenen Ehegatten und wenn er mehrmals verheirathet war, aller seiner Ehegatten anzugeben.

b. Vornamen, Namen, Stand und Wohnorte der sämmtlichen Erben, Schenk- und Vermächtnißnehmer; den Grad, in welchem diese Personen mit dem Erblasser verwandt sind.

Bei Vermächtnissen und Schenkungen von Nutzungen und Leistungen, die auf die Lebenszeit einer Person beschränkt sind, muß auch das Alter angegeben werden, welches diese Person am Todestage des Erblassers erreicht hatte.

Befinden sich unter den Betheiligten Ehefrauen oder Personen, welche gesetzliche Vertreter haben, so sind auch die Ehemänner, beziehungsweise gesetzlichen Vertreter nach Vornamen, Namen, Stand und Wohnort zu bezeichnen.

c. Die Bezeichnung des Erben u. s. w., welcher die Erbschaftserklärung abgibt.

d. Die Angabe, ob ein Ehevertrag zwischen dem Erblasser und seiner Ehefrau bestanden hat. Bestand ein solcher, so ist anzugeben, wann und vor welchem Notar derselbe errichtet und welches Güterrechtssystem in demselben verabredet wurde. Enthält er eine Schenkung auf den Todesfall, so ist deren Inhalt genau anzugeben.

e. Die Angabe, ob und an welchem Tage ein Testament errichtet wurde, bei welchem Notar sich dasselbe befindet und welchen Inhalt es hat.

f. Die Angabe, ob und vor welchem Notar und an welchem Tage ein Erbverzeichniß, oder ob und wann ein Privatvermögensverzeichniß im Sinne des Gesetzes, betreffend die Beaufsichtigung und die Kosten der Vormundschaftsverwaltung, vom 22. Oktober 1873 über den Nachlaß aufgenommen worden ist.

g. Die Aufstellung der Masse nebst den erforderlichen Werth- und Ertragsangaben. Diese Aufstellung ist summarisch in der Weise zu bewerkstelligen, daß die Gesammtsummen der in dem Masseverzeichniß vorgetragenen Hauptgruppen in die Erklärung aufgenommen werden, also z. B.:
I. körperliche bewegliche Gegenstände zu ℳ 3000,—
II. unkörperliche bewegliche Gegenstände zu „ 5000,—
u. s. w.

h. Die Angabe des Datums, an dem die Erbschaftserklärung aufgestellt wurde und die Unterschrift derjenigen Person, welche sie abgibt.

7. Welche Schriftstücke sind der Erbschaftserklärung beizufügen?

Der Erbschaftserklärung müssen beigefügt werden:

a. ein Masseverzeichniß;
b. ein Auszug aus dem Kataster bezüglich der zu der Masse gehörenden Liegenschaften, gegebenen Falls der Meßbrief oder Handriß;
c. die Beweismittel über die Schulden und anderen Ansprüche, welche von der Masse in Abzug gebracht werden sollen.

Das Masseverzeichniß ist auf ein stempelfreies Formular zu schreiben, welches dem Steuerpflichtigen von der zuständigen Enregistrementseinnehmerei gleichzeitig mit der Mahnung übersandt wird. (Vergl. Ziffer 3 und 5.) Dasselbe ist auszufüllen ohne Rücksicht darauf, ob die Erbschaftserklärung schriftlich oder zu Protokoll abgegeben wird. Es ist von Demjenigen zu unterzeichnen, welcher die Erbschaftserklärung zu unterschreiben hat.

Das Verzeichniß muß die sämmtlichen Vermögensbestandtheile, sowie die etwa in Abzug zu bringenden Schulden, Lasten und sonstigen Ansprüche aufführen und die erforderlichen Werthangaben und Schätzungen enthalten. Die Vermögensbestandtheile müssen im Einzelnen angegeben werden; eine Ausnahme ist nur für die körperlichen beweglichen Gegenstände gestattet; diese können in kleineren, den Verhältnissen entsprechenden Gruppen aufgeführt und abgeschätzt werden.

Bezüglich der Werthangaben und Schätzungen ist darauf hinzuweisen, daß für die Berechnung der Steuer der gemeine Werth der steuerpflichtigen Masse am Tage des Todes des Erblassers, beziehungsweise der Erlangung des Besitzes des Vermögens Abwesender maßgebend ist. Dies gilt für die sämmtlichen Massegegenstände. Auch die Liegenschaften sind in der Regel nach dem gemeinen Werth und nicht mehr, wie nach dem bisherigen Rechte, nach dem 20fachen des jährlichen Ertrags zu besteuern. Diese Regel ist bei Bauplätzen, welche einen dem Werth entsprechenden Ertrag nicht liefern, immer maßgebend. Für die übrigen Liegenschaften gestattet das Gesetz eine Ausnahme, indem es zuläßt, daß an die Stelle des Werthes das 20fache des jährlichen Ertrages tritt, insoweit keine Schulden vorhanden sind oder die nach dem Werth geschätzten Liegenschaften hinreichen, um die hypothekarischen und die das bewegliche Vermögen übersteigenden Schulden zu decken. Bei Werthpapieren, welche an öffentlichen Börsen notirt werden, berechnet sich der gemeine Werth nach dem Börsenkurs. Welche Börse im einzelnen maßgebend ist, bestimmt der Direktor der Zölle und indirekten Steuern und die zuständige Enregistrementseinnehmerei wird dem Steuerpflichtigen auf Wunsch die erforderliche Auskunft hierüber ertheilen.

Der Steuer unterliegen nur diejenigen Gegenstände, welche in den §§ 5—7 des Gesetzes als steuerpflichtig bezeichnet sind, es kommen aber häufig Fälle vor, in welchen auch Vermögensstücke, welche nach den angezogenen Paragraphen steuerfrei sind, bei der Feststellung der Steuer mit in Betracht gezogen werden müssen, wenn auch keine Steuer für dieselben erhoben werden darf. Wenn z. B. Schulden vorhanden sind, so dürfen diese in der Regel nicht ausschließlich von dem steuerpflichtigen Vermögen in Abzug gebracht werden; sie müssen vielmehr zum Theil auf das steuerfreie Vermögen angerechnet werden. Würde nun beim Vorhandensein von Schulden der Steuerpflichtige das steuerfreie Vermögen nicht angeben und verlangen, daß die Schulden ganz von dem steuerpflichtigen Vermögen in Abzug gebracht werden, so würde er sich einer Verheimlichung schuldig machen, die selbst dann strafbar wäre, wenn er gar nicht die Absicht gehabt hat, Steuern zu hinterziehen. Die Vorsicht gebietet deßhalb, auch das steuerfreie Vermögen stets mit in das Masseverzeichniß aufzunehmen.

Die Aufstellung der Masse erfolgt zweckmäßig in der Weise, daß zunächst die gütergemeinschaftliche Masse nebst genauer Angabe der Ersatzforderungen und Ersatzleistungen und der Gemeinschaftsschulden, sodann der persönliche Nachlaß des Erblassers und zwar ebenfalls unter genauer Angabe der etwa abzuziehenden Schulden und Lasten aufgeführt werden.

Wenn es sich um ein Erbstücksvermächtniß oder eine Erbstücksschenkung handelt, für welche eine besondere Erklärung abgegeben wird, so braucht ein Masseverzeichniß nicht aufgestellt zu werden; es genügt vielmehr, wenn der Gegenstand der freigebigen Verfügung in der Erklärung selbst bezeichnet und abgeschätzt wird.

Außerdem wird die Aufstellung eines Masseverzeichnisses dann nicht verlangt, wenn über den Nachlaß ein notarielles Erbverzeichniß oder ein Privatvermögensverzeichniß im Sinne des Gesetzes, betreffend die Beaufsichtigung und die Kosten der Vormundschaftsverwaltung vom 22. Oktober 1873 errichtet worden ist. Es muß aber der Erbschaftserklärung eine Ausfertigung des Erbverzeichnisses beziehungsweise Privatvermögensverzeichnisses beigefügt werden.

Was die Beläge betrifft, die dem Masseverzeichniß beizufügen sind, so kommt zunächst ein Auszug aus dem Kataster, sowie gegebenen Falls ein Meßbrief und ein Handriß für die zu der Masse gehörenden Liegenschaften in Betracht. Außerdem ist die Steuerbehörde berechtigt, die Beibringung von Beweismitteln über die von der Masse in Abzug zu bringenden Schulden und anderen Ansprüche zu verlangen. Wenn diese Beweismittel nicht in genügender Weise erbracht werden, so steht der Steuerbehörde die Befugniß zu, den Abzug dieser Schulden und Ansprüche nicht zu gestatten. Der Steuerpflichtige hat daher in seinem eigenen Interesse dafür zu sorgen, daß alle Beweismittel mit vorgelegt werden, welche erforderlich sind, um der Behörde die Ueberzeugung zu verschaffen, daß die Schulden und Ansprüche in der von ihm behaupteten Höhe bestehen.

Schließlich ist noch darauf hinzuweisen, daß die Steuerverwaltung, wenn sie glaubt, daß das Masseverzeichniß und die

Erbschaftserklärung unvollständig oder unrichtig sind, befugt ist, von den sämmtlichen an der Erbschaft Betheiligten, sowie den gesetzlichen Vertretern derselben eine Versicherung an Eidesstatt dahin zu verlangen, daß die Erklärung und das Masseverzeichniß nach ihrem besten Wissen vollständig und ihnen insbesondere nicht bekannt sei, daß Massegegenstände, welche für die Erbschaftssteuer von Belang sind (wozu nach den obigen Bemerkungen auch steuerfreie gehören können), in derselben fehlen, beziehungsweise, daß Schulden und Lasten, welche zur Zeit des Todes des Erblassers nicht oder nicht mehr bestanden, in Abzug gebracht worden sind. Diese Versicherung muß vor dem Amtsgericht abgegeben werden.

8. Wann ist die Erbschaftssteuer zu entrichten?

Die Erbschaftssteuer muß gleichzeitig mit der Abgabe der Erbschaftserklärung bezahlt werden. Die Berechnung und Feststellung derselben liegt ausschließlich dem Enregistrementseinnehmer ob und der Steuerpflichtige muß dieselbe in dem Betrag bezahlen, wie sie ihm durch den Einnehmer angefordert wird. Er darf die Zahlung nicht unter dem Vorwande, daß er die Berechnung für unrichtig halte, oder aus einem andern Grunde ganz oder theilweise verweigern. Würde er dies thun, so müßte der Einnehmer die Erbschaftserklärung zurückweisen und dies könnte unter Umständen die Versäumniß der Frist und die Strafbarkeit des Steuerpflichtigen zur Folge haben. Wenn der Steuerpflichtige glaubt, daß der Einnehmer die Steuer unrichtig berechnet habe, so steht ihm das Recht zu, nach geleisteter Zahlung eine auf Stempelpapier zu schreibende Beschwerde an den Direktor der Zölle und indirekten Steuern zu richten, oder durch einen Rechtsanwalt eine Klage auf Rückerstattung vor dem Landgerichte erheben zu lassen. (Vor dem Amtsgericht kann eine solche Klage nicht erhoben werden, auch wenn der Betrag, den der Steuerpflichtige zurückverlangt, die Summe von 300 ℳ. nicht übersteigt.)

Jeder an dem Nachlaß Betheiligte hat den Steuerbetrag zu bezahlen, der seinen Antheil an der Erbschaft trifft. Der Staatskasse gegenüber haften aber Erben und Miterben, sowie Erb- und Erbtheils-, Vermächtniß-, beziehungsweise Schenknehmer persönlich und sammtverbindlich bis zu dem Betrage desjenigen, was sie aus der Erbschaft empfangen haben, für die Steuer, welche für alle den Nachlaß betreffenden Anfälle zu entrichten ist. Die Steuerbehörde kann deßhalb nach ihrer Wahl von jedem Erben u. s. w. die von ihm selbst und seinen sämmtlichen Mitbetheiligten geschuldeten Steuern anfordern. Wer die Erbschaftserklärung auch für seine Mitbetheiligten abgibt, hat die durch letztere geschuldete Steuer gleichzeitig mit der Abgabe der Erbschaftserklärung zu entrichten.

9. Welche Strafen verhängt das Gesetz?

a. Wer die Verpflichtung zur Abgabe der Erbschaftserklärung und Vorlage des Masseverzeichnisses nicht rechtzeitig erfüllt, hat außer der Gebühr die Hälfte derselben zu entrichten.

b. Wer den Werth oder Ertrag solcher Gegenstände, zu deren Angabe er verpflichtet ist, wissentlich zu gering angibt, hat außer der Gebühr den einfachen Betrag derselben zu entrichten.

c. Wer über Thatsachen, welche auf die Steuerpflichtigkeit, die Höhe des Steuersatzes oder des Steuerbetrages von Einfluß sind, unrichtige Angaben macht, sowie wer zu einem steuerpflichtigen Anfall gehörige Gegenstände, zu deren Angabe er verpflichtet ist, verschweigt, hat außer der Gebühr den doppelten Betrag derselben zu entrichten.

Diese Strafen können gegen die Betheiligten auch dann ausgesprochen werden, wenn die strafbare Handlung durch einen Bevollmächtigten begangen worden ist.

Insoweit bezüglich der hinterzogenen Steuer eine sammtverbindliche Haftung mehrerer Personen besteht (vergl. Ziffer 8), kann die Strafe gegen eine oder mehrere derselben für das Ganze ausgesprochen werden.

d. Wer der Verpflichtung zur Abgabe der eidesstattlichen Versicherung nicht stattgibt, kann durch das Amtsgericht durch Ordnungsstrafen bis zu 3000 ℳ hierzu angehalten werden.

e. Wer eine eidesstattliche Versicherung wissentlich falsch abgibt, wird mit Gefängniß von einem Monat bis zu drei Jahren bestraft.

10. In welchen Fällen ist eine Nachtragserklärung zu der ursprünglichen Erklärung abzugeben?

Häufig kann bei Abgabe der ersten Erbschaftserklärung die Steuer vom ganzen Nachlaß oder einzelnen Theilen desselben nicht berechnet werden, sei es, weil der Anfall noch von einer aufschiebenden Bedingung abhängt oder auf einen Anfangstermin hinausgerückt ist, dessen Eintritt nicht bestimmt ist, sei es, weil gewisse Werthe oder Schulden und Lasten aus besonderen Gründen nicht oder nicht genügend berücksichtigt werden können (z. B. unsichere Forderungen und andere zur sofortigen Werthsermittelung nicht geeignete Gegenstände, ungewisse und unbekannte Ansprüche) oder weil Lasten in Abzug gebracht werden, die später wegen Eintritt einer auflösenden Bedingung oder eines Endtermines wegfallen, sei es aus anderen ähnlichen Gründen. In allen diesen Fällen muß der Steuerpflichtige, sobald die Berechnung der Steuer möglich wird, eine Nachtragserklärung abgeben. Die Frist zur Abgabe dieser Erklärung läuft von dem Tage des Ereignisses an, welches die Anforderung der Steuer begründet.

Beispiel: Der zu Straßburg verlebte X. hat den daselbst wohnhaften A. und B. die lebenslängliche Nutznießung seines Nachlasses in der Weise vermacht, daß B. dieselbe erst erhalten soll, wenn er den A. überlebt. Bei dem Tode des X. hat sowohl A. als B. eine Erbschaftserklärung abzugeben; B. hat aber vorerst eine Steuer nicht zu bezahlen, da sein Anfall noch von der aufschiebenden Bedingung abhängt, daß er den A. überlebt. Tritt diese Bedingung ein, d. h. stirbt A. vor B., so hat B. innerhalb 6 Monaten vom Tode des A. an eine Nachtragserklärung abzugeben und die Steuer zu bezahlen, für die er indessen schon bei der ersten Erklärung Sicherheit leisten muß, wenn es die Steuerbehörde verlangt.

11. Muster eines Masseverzeichnisses und einer Erbschaftserklärung.

Wie sich aus Ziffer 5 und 7 ergibt, sind die Erbschaftserklärung und das Masseverzeichniß auf Formulare zu schreiben, welche dem Steuerpflichtigen durch die zuständige Enregistrementseinnehmerei geliefert werden. Diese Formulare werden nach Bestimmung des Direktors der Zölle und indirekten Steuern aufgestellt. Die folgenden Muster zeigen, in welcher Weise die einzelnen Einträge in den Formularen zu bewerkstelligen sind.

I. Masseverzeichniß.

Verzeichniß

des Nachlasses des zu Straßburg i. E. wohnhaft gewesenen und daselbst am 12. Juli 1889 verstorbenen Rentners August Schneider, aufgestellt durch den unterzeichneten Miterben Johann Schneider, Küfer in Straßburg i. E. wohnhaft.

A. Gütergemeinschaft.

Aktiv.

I. Körperliche bewegliche Gegenstände.

2 Betten zu	ℳ 500,—
1 Tisch zu	„ 40,—
1 Tisch zu	„ 20,—
1 Kommode zu	„ 30,—
6 Stühle zu	„ 15,—
12 Betttücher zu	„ 60,—
Baares Geld	„ 240,—
zusammen	ℳ 905,—

II. Unkörperliche bewegliche Gegenstände.

1. eine Forderung an den zu Straßburg wohnhaften Rentner Wilhelm Schmidt im Betrage von	ℳ 2000,—	
zufolge Urkunde vor Notar Müller in Straßburg vom 12. April 1880, verzinslich zu 4 vom Hundert. Die Zinsen sind vierteljährlich zahlbar.		
Rückständige Zinsen	„ 20,—	
2. eine immerwährende Rente im Betrag von jährlich ℳ 24, zahlbar am 15. Juli jedes Jahr, geschuldet durch den Kaufmann Karl Roth zu Straßburg laut Urkunde des genannten Notars vom 10. April 1860.		
Der Kapitalwerth dieser Rente beträgt 24×25=	„ 600,—	
	ℳ 2620,—	ℳ 905,—

	M. 2620,—	M. 905,—
(Der für das laufende Jahr geschuldete Betrag ist am Todestag des Erblassers bereits bezahlt gewesen.)		
3. eine lebenslängliche Rente von jährlich 30 M. dem Verlebten bestellt durch Urkunde vor genanntem Notar vom 12. Juli 1880, geschuldet durch den zu Straßburg wohnhaften Rentner Robert Wilhelm und zahlbar bis zum Ableben des zu Straßburg wohnhaften Kaufmanns Adolf Klein, der am Todestag des Erblassers das Alter von 46 Jahren erreicht hatte. Der Kapitalwerth dieser Rente beträgt 30×12 = ...	„ 360,—	
Rückständige Jahresrente . . .	„ 30,—	
4. eine Wechselforderung von .	„ 500,—	
zahlbar am 1. August 1889 laut eines Wechsels, ausgestellt am 1. Mai 1889 durch den zu Belfort wohnhaften Kaufmann Franz Wolf.		
5. ein Pfandbrief der Süddeutschen Bodencreditbank zu München vom 1. Dezember 1882, Ser. 25 Lit. L. Nr. 4800 lautend auf 500 M., Kurswerth am Todestage des Erblassers	„ 510,—	
verzinslich zu 4 vom Hundert am 2. Januar und 1. Juli jedes Jahrs.		
Rückständige Zinsen	„ —,66	
6. eine unverzinsliche Forderung von 1000 M. geschuldet durch den zu Straßburg wohnhaften Schlosser Friedrich Kraft zufolge Urkunde unter Privatunterschrift vom 10. Mai 1880. Ueber das Vermögen des Schuldners ist das Konkursverfahren eröffnet, in welchem die Forderung angemeldet		
	M. 4020,66	M. 905,—

	M. 4020,66	M. 905,—
ist. Es ist unsicher, für welchen Betrag die Erben aus der Konkursmasse Befriedigung erlangen werden. Dieselben schätzen den Werth der Forderung auf	„ 500,—	
Gesammtsumme des Werthes der unkörperlichen beweglichen Gegenstände	——	„ 4520,66

III. Liegenschaften.

1. Sekt. A. Nr. 50, 50 Aren Bauplatz in der Xstraße zu Straßburg neben Xaver Müller und Adam Braun zu einem Werthe von . .	„ 4000,—	
2. Sekt. B. Nr. 38, ein Wohnhaus mit Garten und Hof, zusammen 40 Aren, gelegen zu Straßburg in der Xstraße neben Adolf Schmidt und Julius Wolf, zu einem jährlichen Ertrag geschätzt von 800 M., Werth gleich 20×800 = ...	„ 16000 —	
3. Sect. A. Nr. 12, 30 Aren Wiese zu N. in der bayerischen Pfalz, neben Gottfried Peter und Philipp Schwarz, geschätzt zu einem jährlichen Ertrage von 100 M., Kapitalwerth 100×20 = ...	„ 2000,—*)	
Gesammtwerth der Liegenschaften:		
a. der steuerpflichtigen		20 000,—
b. der steuerfreien . . M. 2000		
zusammen M. 2000		M. 25 425,66

*) Für die in der Pfalz befindliche Liegenschaft ist eine Steuer nicht geschuldet, sie muß aber hier aufgeführt und abgeschätzt werden, weil Schulden vorhanden sind, welche zum Theil von dem Werth dieser Liegenschaft in Abzug gebracht werden müssen.

Passiv.

1. Ersatzforderungen.

a. der Verlebte bespricht Ersatz für Liegenschaften, die er nach seinem Ehevertrage in die Ehe einbrachte und die während der Ehe laut Urkunde des genannten Notars Müller vom 12. Juni 1880 veräußert und baar bezahlt worden sind	ℳ 1000,—
b. die Wittwe für baares Geld, das sie laut Ehevertrag in die Ehe einbrachte	„ 800,—
Zusammen	ℳ 1800,—

2. Schulden.

Die Gütergemeinschaft schuldet:

a. dem Handelsmann Friedrich Wolf zu Straßburg laut einer Schuldverschreibungsurkunde vor dem genannten Notar Müller vom 1. April 1887 verzinslich mit 4 vom Hundert jedes Jahr vom 1. April an. Für diese Schuld ist der obenbezeichnete Bauplatz hypothekarisch belastet.	ℳ 2500,—
Rückständige Zinsen	„ 6,—
b. dem Maurer Karl Fritz zu Straßburg für geleistete Arbeiten . . . . laut einer Rechnung vom 1. Juli 1889.	„ 200,—
c. der Dienstmagd Anna Schulz den Dienstlohn bis zum Todestag	„ 10,—
Zusammen	ℳ 2716,—

B. Persönlicher Nachlaß des Erblassers.

Aktiv.

I. Körperliche bewegliche Gegenstände.

a.	2 Röcke zu	ℳ 60,—
b.	2 Paar Hosen	„ 20,—
c.	12 Hemden zu	„ 40,—
d.	1 silberne Uhr	„ 40,—
	Zusammen	ℳ 160,—

ℳ 160,—

II. Liegenschaften.

Sektion A. Nr. 12, 60 Aren Acker zu Fegersheim, Gewann X., neben Karl Bruder und Philipp Meyer zu einem jährlichen Ertrag von ℳ 50, Kapitalwerth 50×20 = ... „ 1000,—

Zusammen ℳ 1160,—

B. Passiv.

Schulden sind nicht vorhanden.

Straßburg, den 1. Oktober 1889.

Johann Schneider.

II. Erbschaftserklärung über den Nachlaß von August Schneider, Rentner,

wohnhaft gewesen zu Straßburg i. E.,
gestorben daselbst am 12. Juli 1889,
abgegeben durch den unterzeichneten Miterben Johann Schneider, Küfer zu Straßburg i. E. wohnhaft,
bei der K. Enregistrementseinnehmerei zu Straßburg i. E. am 1. Oktober 1889.

Der Erblasser hatte sich mit seiner überlebenden Wittwe Karoline geborene Müller am 10. November 1859 verheirathet, nachdem am Tage vorher vor dem Notar Christ zu Straßburg i. E. ein Ehevertrag abgeschlossen worden war, in welchem die eheliche Gütergemeinschaft auf die Errungenschaft beschränkt wurde.

Durch ein Testament vor dem genannten Notar vom 1. Oktober 1860 hat der Verlebte seiner Wittwe die lebenslängliche und unentgeltliche Nutznießung an der Hälfte seines Nachlasses vermacht. Die Wittwe war am Todestage des Erblassers 49 Jahre alt.

Die gesetzlichen Erben des Erblassers sind seine Kinder aus der Ehe mit seiner genannten Wittwe:

1. der genannte Johann Schneider,
2. Jakob Schneider, Wirth,
3. Robert Schneider, Kaufmann, alle 3 volljährig und zu Straßburg i. E. wohnhaft.

Ueber den Nachlaß ist ein Erbverzeichniß nicht errichtet worden. Derselbe ist in dem anliegenden Masseverzeichniß vom heutigen Tage aufgezeichnet. Darnach setzen sich die eheliche Gütergemeinschaft und der Nachlaß in folgender Weise zusammen:

A. Gütergemeinschaft.

Aktiv.

1. körperliche bewegliche Gegenstände zu . .		ℳ 905,—
2. unkörperliche bewegliche Gegenstände zu .		„ 4520,66
3. Liegenschaften:		
a. steuerpflichtige zu		„ 20 000,—
b. steuerfreie zu	ℳ 2000	
Zusammen	ℳ 2000	25 425,66

Passiv.

1. Ersatzforderungen:	
a. des Verlebten	ℳ 1000,—
b. der Wittwe	„ 800,—
Zusammen	ℳ 1800,—
2. Schulden	„ 2716,—

B. Persönlicher Nachlaß des Erblassers.

Aktiv.

1. körperliche bewegliche Gegenstände zu . .	ℳ 160,—
2. Liegenschaften zu	„ 1000,—
Zusammen	ℳ 1160,—

Passiv.

Schulden sind nicht vorhanden.

Straßburg i. E., den 1. Oktober 1889.

Johann Schneider.

(Die weiter zur Feststellung der Steuer erforderliche Massenaufstellung hat der Enregistrementseinnehmer auf Grund der in der Erklärung enthaltenen Angaben vorzunehmen.)

Alphabetisches Sachregister.

(Die Zahlen verweisen auf die Seiten.)

F.

L.

M.

T.

U.

V.

W.

Druck von M. DuMont-Schauberg in Straßburg.

la police de la chasse. Texte allemand et français avec annotations par un membre de la Délégation. 2e édit. 8°. 41 S. kart. 1883. M 0.80

Das Elsaß-Lothringische Katastergesetz. Textausgabe mit französischer Uebersetzung und Anmerkungen von Dr. **Wilhelm Gunzert,** Landgerichtsdirektor zu Straßburg, Mitglied des Landesausschusses. — **Loi sur le renouvellement du cadastre en Alsace-Lorraine.** Texte allemand et français avec annotations par **Guill. Gunzert,** vice-président du tribunal de Strasbourg, député à la Délégation. 8°. 88 S. kart. 1884. M 1.—

Gesetz betreffend die Vormundschaften vom 16. Juni 1887 mit den Ausführungs-Verfügungen. Deutscher Text mit französischer Uebersetzung und Anmerkungen nach amtlichen Quellen bearbeitet. — **Loi sur la Tutelle** du 16 juin 1887 avec les règlements d'exécution. Texte allemand avec traduction française et annotations. 8°. 71 S. kart. 1887. M 1.20

Gesetz betreffend die Ausstellung gerichtlicher Erbbescheinigungen und die Zuständigkeit der Amtsgerichte vom 10. Mai 1886. — **Loi sur la délivrance de certificats judiciaires constatant la qualité d'héritier et la compétence des tribunaux cantonaux** du 10 mai 1886. Texte allemand et français. 8°. 11 S. kart. 1886. M 0.50

Die Verwaltung des General-Gouvernements im Elsaß. Ein Beitrag zur Geschichte des Völkerrechts. Von Edgar Löning, Professor an der Universität Straßburg. 8°. 265 S. 1874. M 5.—

Elsaß-Lothringen, seine Vergangenheit — seine Zukunft. 2. Auflage. 8°. 96 S. 1877. M 1.50

Die deutsche Verwaltung in Elsaß-Lothringen. 1870—1879. Denkschrift, mit Benutzung amtlicher Quellen bearbeitet von Frhr. Maxim. du Prel, kaiserl. Regierungsrat. 1. Lief. 8°. S. 1—128. 1879. M 2.50

Theorie des französischen Verwaltungsrechts. Von O. Mayer, Professor des französischen Rechts an der Universität Strassburg. Gr. 8°. X. u. 533 S. 1886. M 10.—

Die bäuerlichen Verhältnisse im Elsass, durch Schilderung dreier Dörfer erläutert von A. Hertzog. Gr. 8°. X. 180 S. 1886. M 4.—

Kolibri 360 GmbH
Ferdinand-Jühlke-Straße 7
99095 Erfurt, Deutschland
produktsicherheit@kolibri360.de